新编21世纪高等职业教育
— 精品教材·法律类 —

警察职业形象

主编◎刘莉　张磊　刘佳

中国人民大学出版社
·北京·

图书在版编目（CIP）数据

警察职业形象 / 刘莉，张磊，刘佳主编. -- 北京：中国人民大学出版社，2024.2
新编 21 世纪高等职业教育精品教材. 法律类
ISBN 978-7-300-32463-0

Ⅰ. ①警… Ⅱ. ①刘… ②张… ③刘… Ⅲ. ①警察－工作－中国－高等职业教育－教材 Ⅳ. ① D631

中国国家版本馆 CIP 数据核字（2024）第 024813 号

新编 21 世纪高等职业教育精品教材 · 法律类
警察职业形象
主　编　刘　莉　张　磊　刘　佳
Jingcha Zhiye Xingxiang

出版发行	中国人民大学出版社		
社　　址	北京中关村大街 31 号	**邮政编码**	100080
电　　话	010－62511242（总编室）		010－62511770（质管部）
	010－82501766（邮购部）		010－62514148（门市部）
	010－62515195（发行公司）		010－62515275（盗版举报）
网　　址	http://www.crup.com.cn		
经　　销	新华书店		
印　　刷	中煤（北京）印务有限公司		
开　　本	787 mm × 1092 mm　1/16	**版　　次**	2024 年 2 月第 1 版
印　　张	13.25	**印　　次**	2024 年 2 月第 1 次印刷
字　　数	278 000	**定　　价**	49.00 元

前言

“一个人的形象，是一张名片。”一群人在职场中展示出的共同的精神风貌及行为方式，便形成了职业形象。职业形象不仅是某一行业对从业人员的严格要求，也代表了人们对整个行业的期待和渴望。警察不仅仅是三百六十行中的一行，它还代表着国家的意志和人民的利益，体现的是国家和政府的形象。当前我们正处于实现中华民族伟大复兴的关键时期，面对世界百年未有之大变局，加强警察队伍建设、提升警察职业形象事关国家的长治久安和社会的和谐稳定。党的二十大报告指出，“深化行政执法体制改革，全面推进严格规范公正文明执法，加大关系群众切身利益的重点领域执法力度，完善行政执法程序，健全行政裁量基准”，“规范司法权力运行，健全公安机关、检察机关、审判机关、司法行政机关各司其职、相互配合、相互制约的体制机制。强化对司法活动的制约监督，促进司法公正”。全体人民警察要在执法活动中，坚定拥护“两个确立”，坚决做到“两个维护”，牢固增强“四个意识”，维护“对党忠诚、服务人民、执法公正、纪律严明”的警察职业形象。

本教材从警察院校人才培养目标入手，旨在培养学生良好的行为习惯，提高学生的职业道德与综合素质，将学生培养成为能适应将来警务工作的高素质实战型警务人才。《警察职业形象》作为课程改革创新的实用教材，具有以下几个特点。

一、融入课程思政，凸显“警”字特色

本教材蕴含着丰富的思政育人资源，围绕“警”字展开，凸显“警”字特色，着眼于“警察气质形象”“警察仪表形象”“警察执法形象”“警察公务形象”四大模块，从“思想系统”“外表系统”“行为系统”三个方面对学生进行引导训练，在潜移默化中影响学生的世界观、人生观、价值观，增强学生对警察这一职业的政治认同、思想认同、情感认同，从气质形象、外表妆容、行为举止上，将学生培养成为“忠诚、为民、尚法、担当”的优秀人民警察。

二、以案说法，强调知识性和趣味性

本教材根据学生的文化层次和兴趣特点，运用与教材内容相关的影视剧作品、历史文献资料和现实性较强的事件等，将一些规章制度和管理条例尽可能地形象化、生动化，给教师授课带来很大的灵活性，避免空洞的说教，做到知识性和趣味性的统一，同时调动学生的学习兴趣和主观能动性，给学生留下更多的思考空间。

三、活页式教材，注重更新或完善教材内容

本教材为国内为数不多的警察职业形象方面的教材，我们还处于探索、摸索阶段，有些做法和说法尚需时间检验，因此我们采用活页式形式编写该教材，以便随时更新或修改教材内容，完善教材知识体系。

本教材由刘莉、张磊和刘佳三位老师担任主编，负责整体策划、统稿，并设计了全书的方案和编写体例。具体分工如下：张磊负责绪言和模块一的编写；刘佳负责模块二的编写；刘莉负责模块三和模块四的编写。在编写过程中，我们借鉴了一些专家和学者的观点，在此表示真诚的感谢。

编　者

目录

绪言

警察职业形象概述

学习目标

知识目标

1. 掌握形象、职业形象和警察职业形象等概念；
2. 知晓职业形象的构成。

能力目标

1. 能理解警察职业形象建设的重要性；
2. 能进行警察职业形象管理。

素养目标

1. 提升职业形象和职业素质；
2. 强化警察职业形象管理。

导入案例

却说鲁肃送周瑜灵柩至芜湖，孙权接着，哭祭于前，命厚葬于本乡。瑜有两男一女，长男循，次男胤，权皆厚恤之。鲁肃曰："肃碌碌庸才，误蒙公瑾重荐，其实不称所职，愿举一人以助主公。此人上通天文，下晓地理；谋略不减于管、乐，枢机可并于孙、吴。往日周公瑾多用其言，孔明亦深服其智，现在江南，何不重用！"权闻言大喜，便问此人姓名。肃曰："此人乃襄阳人，姓庞，名统，字士元，道号凤雏先生。"权曰："孤亦闻其名久矣。今既在此，可即请来相见。"

于是鲁肃邀请庞统入见孙权。施礼毕。权见其人浓眉掀鼻，黑面短髯，形容古怪，心中不喜。乃问曰："公平生所学，以何为主？"统曰："不必拘执，随机应变。"权曰："公之才学，比公瑾如何？"统笑曰："某之所学，与公瑾大不相同。"权平生最喜周瑜，见统轻之，心中愈不乐，乃谓统曰："公且退。待有用公之时，却来相请。"统长叹一声而出。鲁肃曰："主公何不用庞士元？"权曰："狂士也，用之何益！"肃曰："赤壁鏖兵之时，此人曾献连环策，成第一功。主公想必知之。"权曰："此时乃曹操自欲钉船，未必此人之功也，吾誓不用之。"

鲁肃出谓庞统曰："非肃不荐足下，奈吴侯不肯用公。公且耐心。"统低头长叹不语。肃曰："公莫非无意于吴中乎？"统不答。肃曰："公抱匡济之才，何往不利？可实对肃言，将欲何往？"统曰："吾欲投曹操去也。"肃曰："此明珠暗投矣，可往荆州投刘皇叔，必然重用。"统曰："统意实欲如此，前言戏耳。"肃曰："某当作书奉荐，公辅玄德，必令孙、刘两家，无相攻击，同力破曹。"统曰："此某平生之素志也。"乃求肃书，径往荆州来见玄德。

此时孔明按察四郡未回，门吏传报："江南名士庞统，特来相投。"玄德久闻统名，便教请入相见。统见玄德，长揖不拜。玄德见统貌陋，心中亦不悦，乃问统曰："足下远来不易？"统不拿出鲁肃、孔明书投呈，但答曰："闻皇叔招贤纳士，特来相投。"玄德曰："荆楚稍定，苦无闲职。此去东北一百三十里，有一县名耒阳县，缺一县宰，屈公任之，如后有缺，却当重用。"统思："玄德待我何薄！"欲以才学动之，见孔明不在，只得勉强相辞而去。统到耒阳县，不理政事，终日饮酒为乐；一应钱粮词讼，并不理会。

资料来源：罗贯中．三国演义．北京：商务印书馆，2016.

案例分析：

庞统，三国时期"凤雏"也。时人司马德操言："伏龙、凤雏，两人得一，可安天下。"吴国重要谋士鲁肃评价庞统："庞士元非百里之才。"而就是这样的人物，"权见其人浓眉掀鼻，黑面短髯，形容古怪，心中不喜"；"玄德见统貌陋，心中亦不悦"，让庞统做了耒阳县县宰。庞统之所以没有得到孙权和刘备的重视，是因为其面貌丑陋，且恃才傲物，行为"古怪"，又不遵守礼法（"统见玄德，长揖不拜"）。另外，庞统不是一个善于察言观色的人，言语狂妄，孙权认为他是"狂士也，用之何益"。

按现在的话来说，庞统找工作，几次面试，老板们对他都不满意，认为他形象不佳，不懂社交礼仪，出言不逊，都不愿意录用他。

思考：

什么是形象？形象与职业有什么样的关系？警察职业形象应该是怎样的？

知识充电站

一、形象的含义

《现代汉语词典》（第 7 版）对“形象”一词有这样的解释：“1. 能引起人的思想或感情活动的具体形态或姿态”；“2. 文艺作品中创造出来的生动具体的、激发人们思想感情的生活图景，通常指文学作品中人物的神情面貌和性格特征”；“3. 指描绘或表达具体、生动”。生活中经常听到类似的表述，如某人“形象较佳”或“形象较差”，一般来说指的是某人外貌或者气质较好或较差，这里的“形象”显然是名词，排除了作为形容词的第三种解释。而这个人是生活中真实存在的，而非“文艺作品中创造出来的”，因此，本书中的“形象”指的是“能引起人的思想或感情活动的具体形态或姿态”，即一个人展示出来的外在的形态和内在的精神面貌，也就是一个人呈现出来的他人能看得到的外形或容貌，以及内在精神面貌的外部反映。

在人际交往中，有一种现象叫首因效应，也称首轮效应，是指人们在社会交往中往往会“先入为主”，一旦形成对他人的第一印象，今后便很难改变当初形成的印象。所谓“新官上任三把火”，就是说为官者通过上任之初的“三把火”，为自己立威，为下属留下清正严明、雷厉风行的第一印象。心理学家认为，第一印象，人们更多地关注他人的性别、年龄、身材、衣着、动作和面部表情等外部特征，也有人更留意他人的谈吐和精神面貌等内在特征的外部表现。《三国演义》中孙权和刘备对庞统的第一印象都不怎么好，虽然他们都听说庞统是个人才，但他们都无法改变对庞统的偏见。从现代职场的角度看，庞统的表现也存在问题，他没有很好地塑造自我形象，同老板面试讨论职位问题时，没能严肃对待，没有表现出应有的恭敬，反而傲慢不羁、出言不逊，导致老板对他印象不佳。

形象涉及“显性”和“隐性”两大因素。从心理学的角度来看，一个人直接表现出来的短期魅力，可以通过外部被他人感知，使他人形成对一个人的初步印象。个人形象并不等于个体呈现的形象，而是他人直观感受到的形象。不同的人在认知过程中，由于主观意识和认识角度等不同，对同一个体的感知是不完全相同的，“横看成岭侧成峰”说的就是这层意思。显性形象即为外在形象，主要包括个人的仪容仪表、服饰搭配、行为举止、言谈方式等。

从社会学的角度来看，人是一切社会关系的总和，人会受到各种社会关系的约束，比如道德伦理、法律法规等。因此在人际交往中，人们会有意识地掩饰一些行为，呈现出另一面。隐性形象便是人的另一面，即内在形象，一个人不易被觉察到的特点，需要经过长期的接触和了解才能认知。隐性形象主要包括一个人的学识、心态、知识、智力、技能、才能、品性、修养等。

一个人的形象是外在形象与内在形象的高度统一：外在形象是直观的，内在形象是隐藏的；外在形象影响内在形象，内在形象决定外在形象。个人形象能反映出个人素养，个人素养决定着个人形象；个人形象能客观地反映个人真实的生活状态，个人生活状态反过来也影响个人形象。个人形象体现出人际交往中的个人意愿，它往往是与职业相伴而生的。良好的个人形象不仅是个人发展的要求，也是社会发展对于个人的要求。

二、职业形象

（一）职业形象的含义

职业形象是指个体在职业生涯中长期给人的印象的总和，即人们对某种职业从业者的认识、知觉、心理感受和期待程度，也就是人们对某种职业的从业者的总体认知、期待和评价。职业形象不仅是人们对从业者外在行为的认知，也是人们对从业者内在精神的感知。职业形象不仅是某一行业对从业者的严格要求，也是人们对整个行业的期待和渴望，代表着一个行业所能达到的高度。

职业形象从内涵、外显两方面去归纳，可以分为外在因素和内在因素。外在因素主要指从业者在职业行为过程中展示出来的能被外界感知到的行为举止和言语状态，包括仪容仪表、言谈举止等，即职业形象的外显。内在因素是职业形象中最为核心的一面，包括从业者的职业认知、职业道德、职业技能和职业心理特征等，即职业形象的内涵。从业者在职场中表现出来的言谈举止、职业技能和职业道德等传递给他人所形成的印象，便是职业形象。

案例 0－1

某银行进行招聘，吸引了很多人应聘。张思思刚大学毕业，正在找工作，抱着反正不交报名费去碰一碰运气的想法投了简历。没料到，张思思接到了面试通知。

面试当天，一群人坐在一个大厅里，面试者轮流被叫到一旁的办公室里面试。“砰砰”的关门声加剧了紧张的气氛，前面面试出来的人，有的喜形于色，有的万分沮丧。排在张思思前面的女孩儿长得漂亮，穿着时尚，张思思有点自惭形秽。

漂亮女孩笑着从主考官办公室走出来，随着“砰”的一声关门声，轮到了张思思。张思思整整衣裳，大着胆子往里走……很幸运，在自我介绍后，只被问了几个简单的小问题，张思思回答完后，主考官点点头，面无表情地说：“你可以走了。”没有看到微笑，张思思心想也许没戏了，站起身准备离去。出于礼貌，张思思向面试考官鞠了一躬，说了声“谢谢”，然后轻轻打开门，出来后又轻轻关上了门。

二十天后，张思思接到了银行打来的电话，说她被录取了。张思思上班第一天，碰到了那天面试的一个考官，便向他询问录取她的原因。他回答道：“你是那天我们接待的 300 个应聘者中唯一向我们鞠躬的人，关门也关得那么有礼貌。我们是服务行业，礼貌待人是我们对员工的基本要求。因此，我们考官一致同意录取你。”

点评：

银行属于服务行业，对员工要求很高，特别注重职业形象，要求微笑待人，贴心服务，及时帮助客户解决问题。张思思虽然貌不惊人，或许也不是应聘者中最优秀的，但她养成了良好的行为习惯，说话轻声细语，礼貌待人。在面试中，张思思比较注重细节，面试结束时，向面试考官鞠躬，离开关门时，轻手轻脚，展示了良好的个人形象，符合银行对员工职业形象的要求。所以，她能打动面试考官，被银行录取。

可见，个人形象与职业形象是密切相关的，很多公司在面试时特别注重面试者的职业形象，那些不符合职业形象、职业气质差的人往往难以得到同事和客户的认可，极有可能在面试中被淘汰。因此，要通过个人形象将个性特质很好地展现出来，使其符合所从事职业的要求。

（二）职业形象的构成

职业形象不是孤立的，它是根据一个行业的性质，对从业者提出的一定的形象要求，是在个体仪容仪表及精神气质面貌的基础上形成的行业形象规范。职业形象主要包括三个部分：行业或组织形象系统、个体的精神面貌系统和个体的仪表形象系统。

1. 行业或组织形象系统

行业或组织形象系统是一个规范化的运作系统，也是长期形成的一种行业或组织文化，它是一个行业在长期发展过程中沉淀积累的关于整个行业或组织的价值观念和规章制度等，是一个行业成文或不成文的各项规定的总和。它由职业准则、职业规范和职业传统三部分组成。譬如我国人民警察经过几十年摸爬滚打，已逐步成为“聚焦实战、强化训练，着力锤炼铁一般的理想信念、铁一般的责任担当、铁一般的过硬本领、铁一般的纪律作风，充分展现党领导的社会主义国家人民警察克己奉公、无私奉献的良好形象”的人民警察队伍。

2. 个体的精神面貌系统

个体的精神面貌系统由职业理想、职业道德和职业信念三部分组成。职业理想是人生理想的重要组成部分，是指在社会分工的前提下，个体选择什么样的具体职业以期达到一定的职业成就，从而实现对人生的追求。职业道德是一种社会行为规范，是社会道德在特定的职业活动中的具体化，是人们在长期的劳动实践中，在行业或组织的工作中逐渐培养和发展起来的一种具有一定约束力的行为规范。职业信念是一个行业或组织对个体所从事的职业确定、自信的看法。三者相互影响、相互统一，共同组成个体的精神面貌系统。比如新时代人民警察，他们热爱祖国，热爱中国共产党，一切从人民利益出发，忠实地履行人民赋予的职责，为实现中华民族伟大复兴的中国梦，敢于同一切扰乱社会治安、破坏“四化”建设、危害人民利益的违法犯罪活动进行坚决的斗争，用实际行动践行着“人民警察为人民服务”的庄严承诺。

3. 个体的仪表形象系统

个体的仪表形象系统由职业素质、职业气质和职业仪表组成。职业素质主要包括敬业精神、社会责任、职业责任、专业意识、创新意识、协作意识、规范意识和职业基本能力、专业技术能力、职业发展能力等。职业气质是从业人员在长期的职业生涯中形成的稳定的、深层次的、有职业特色的气质特征，是一个人在长期的职业生活中历练的结果。职业仪表在一个人的职业活动中有着非常重要的作用，人们往往通过一个人的职业仪表来判断其身份地位、能力和素质，以及对所从事职业的态度。比如我国人民警察的仪表形象，体现出新时代人民警察的精神风貌，他们警容严整、着装规范，举止端庄、执法规范化，社会责任强、职业素质过硬，不愧为新时代卫士。

课堂讨论

职业形象包含哪些内容？

三、警察职业形象的含义

警察职业形象是指人们对警察总体的、抽象的、概括的认识和评价，或者说是指警察在执行警务活动过程中表现出来的警务形象和精神面貌的全部总和，或人民群众对警察在执法活动中的表现的总看法和总体期待。警察职业形象是警察的职业素质、服务作风、警容风纪和廉政意识的综合反映，体现了警察内在精神素质和外在行为的总体风貌。它通过警察的“思想系统”“外表系统”“行为系统”表现出来，包括警察气质形象、仪表形象、执法形象、公务形象等。

良好的职业形象可以向外界传达一种积极向上的正能量。警察职业形象作为警察文化建设的一部分，是警察在执法活动中处理好与人民群众关系的内在精神动力，是警察内在精神的外在表现。从社会心理学角度来看，警察职业形象作为一种具体文化形态，是社会公众对警察群体的精神风貌进行综合认知后形成的关于警察群体形象的普遍看法和总体评价，是新时代警察作风建设的重要组成部分。

警察职业形象代表着国家和政府的形象，是全社会关注的焦点。树立良好的警察职业形象，有利于维护中国共产党的执政地位，对于维护新时代政治稳定和国家长治久安具有十分重要的意义。树立良好的警察职业形象，是实施依法治国方略的需要，是适应中国社会发展的需要，是全心全意为人民服务的需要，是实现警察职责和使命的需要，是建设一支“对党忠诚、服务人民、执法公正、纪律严明”的警察队伍的需要。

加强警察职业形象建设，要坚持“内强素质，外树形象”的原则，在人民群众中树立起可亲、可爱、可敬的警察职业形象，构建起警察与人民群众之间的鱼水情谊，形成警民一家亲、警民共治的良好局面。加强警察职业形象建设，要提升警察在人民群众中的整体形象，履行警察职能，保障公民合法权益，践行全心全意为人民服务的初心和使命。当前，加强人民警察队伍建设已成为一种共识，党和国家做了大量工作，如执行“五条禁令”、开展“三项教育”、推出警察卡通形象、设立警察职业形象大使等，使警察的总体形象有了显著的变化，让人民警察变得更有人情味、更值得人民群众信赖。

课堂讨论

警察为什么要重视职业形象？

四、警察职业形象定位

警察职业形象是新时代人们对警察在执法活动中的行为和表现的总体认知、期待和评价，是警察在长期执法活动中对自我形象的定位，也是党和国家对警察提出的具体规定和要求。警察职业形象定位既是新时代中国特色社会主义发展的需要，又是新形势、新任务对警察的新要求，也是警察在职业形象塑造过程中的自我追求。

（一）政治形象

“巩固共产党执政地位，维护国家长治久安，保障人民安居乐业”，这是新时代人民警察肩负的政治使命和社会责任，警察不仅仅是三百六十行中的一行，它更代表着国家的意志和人民的利益，体现的是国家和政府的形象。作为一名人民警察，我们的一言一行都应体现出警察的政治形象。

（二）公仆形象

习近平总书记在中共中央政治局召开的专题民主生活会上说：“必须有全心全意为人民服务的公仆情怀，心中时刻装着国家和人民，自觉为党的事业和人民幸福鞠躬尽瘁、死而后已”。因此，警察要全心全意为人民服务，以维护人民群众的正当利益为出发点和落脚点，为人民群众解决工作和生活中遇到的实际困难，服务群众，公正廉洁，克己奉公，执法为民，“俯首甘为孺子牛”，做人民群众忠实的公仆。

（三）法治形象

警察是法律的执行者，在人民群众眼中，警察便是法律的化身。党的二十大报告提出，“坚持全面依法治国，推进法治中国建设”。中国法制体系越来越完善，人民群众的法治意识越来越强，对警察在执法过程中的要求也越来越高。因此，警察要知法学法，运用好法律、执行好法律，维护好警察的法治形象。

（四）道德形象

警察在履行职务时，要严格遵守相关的道德准则和道德规范，以维护和调整人民警察与人民群众、与有关当事人、与公安司法机关和其他政府机关、与其他警察相互之间的关系。公安部把人民警察的职业道德归纳为“遵纪爱民，执法不阿，廉洁奉公，勇于献身”。每一个警察都应洁身自好，坚持社会主义核心价值观，维护好警察的道德形象。

（五）情感形象

情感是人与人之间联系最密切的纽带，也是人际关系最敏感的“温度计”。警察要把改善与人民群众之间的关系作为一切工作的切入点，急人民群众之所急、解人民群众之所忧，热情地为人民服务，从加强与人民群众的情感联系做起，做人民群众的贴心人。

（六）体态形象

体态形象是指人民警察的举手投足给人民群众留下的印象。人民警察身材匀称、体格健壮、举止端庄、着装得体、执法规范，既能对违法违纪者产生一种威慑力，又给人民群众一种端庄、亲和、整洁和平易近人之感。

课堂讨论

警察职业形象包含哪些内容？

五、警察职业形象管理

警察职业形象应是人民公仆的形象，应是让人民满意的形象。警察职业形象管理就是在提高全体民警的政治素质、文化素质、执法素质和思想道德素质的基础上，树立人民警察保家卫国的政治形象、全心全意为人民服务的公仆形象、文明执法的法治形象、淡泊名利的道德形象、贴近群众的情感形象和端庄得体的体态形象。加强人民警察职业形象管理，要与时俱进，坚持“内强素质，外树形象”的原则，多策并举，多管齐下，使人民警察的公仆形象在群众中不断升华。

案例 0－2

汪森觉得，来找他的这四个人是一个奇怪的组合：两名警察和两名军人，如果那两个军人是武警还算正常，但这是两名陆军军官。

其实那名穿警服的年轻人还行，举止很有礼貌，但那位便衣就让人讨厌了。这人长得五大三粗，一脸横肉，穿着件脏兮兮的皮夹克，浑身烟味，说话粗声大嗓，令汪森不适。

“汪森？”那人问，直呼其名令汪森很不舒服，况且那人同时还在点烟，头都不抬一下。不等汪森回答，他就向旁边那位年轻人示意了一下，后者向汪森出示了警官证，他点完烟后就直接向屋里闯。

“请不要在我家里抽烟。”汪淼拦住了他。

“哦，对不起，汪教授。这是我们史强队长。”年轻警官微笑着说，同时对姓史的使了个眼色。

“成，那就在楼道里说吧。”史强说着，深深地吸了一大口。“你问。”他又向年轻警官偏了一下头。

“汪教授，我们是想了解一下，最近你与‘科学边界学会’的成员有过接触，是吧？”

“‘科学边界’是一个在国际学术界很有影响的学术组织，成员都是著名学者。这样一个合法的学术组织，我怎么就不能接触了呢？”

“你看看你这个人！”史强大声说，“我们说它不合法了吗？我们说不让你接触了吗？”

“那好，这属于个人隐私，我没必要回答你们的问题。”

“还啥都成隐私了，像你这样一个著名学者，总该对公共安全负责吧。”史强把手中的烟头扔掉，又从压扁了的烟盒里抽出一根。

“我有权不回答，你们请便吧。”汪淼说着要转身回屋。

“等等！”史强厉声说，同时朝旁边的年轻警官挥了一下手，“给他地址和电话，下午去走一趟。”

“你要干什么！”汪淼愤怒地质问，这争吵引得邻居们也探出头来，想看看出了什么事。

“史队！你说你——”年轻警官生气地将史强拉到一边，显然他的粗俗不只是让汪淼一人不适。

“汪教授，请别误会。”一名少校军官急忙上前，“下午有一个重要会议，要请几位学者和专家参加，首长让我们来邀请您。”

“我下午很忙。”

“这我们清楚，首长已经向超导中心领导打了招呼。这次会议上不能没有您，实在不行，我们只有把会议延期等您了。”

史强和他的同事没再说话，转身下楼了，两位军官看着他们走远，似乎都长出了一口气。

“这人怎么这样儿？”少校小声对同事说。

“他劣迹斑斑，前几年……”

“这种人怎么能进作战中心？”

“首长点名要他，应该有什么过人之处吧。不过，对他限制挺严，除了公安方面的事务，几乎什么都不让他知道。”

作战中心？那是什么？汪淼不解地看着面前的两位军官。

资料来源：刘慈欣．三体：典藏版．重庆：重庆出版社，2016.

点评：

史强是小说《三体》中的一名警察。从整部小说来看，史强是一名思路清楚、头脑敏锐、洞察力犀利、行动力超强、业务能力过硬的刑警。但史强一出场，形象糟糕透顶："长得五大三粗，一脸横肉，穿着件脏兮兮的皮夹克，浑身烟味，说话粗声大嗓"。史强不仅体态形象较差，情感形象也较差，说话粗鲁，没有礼貌，对一位著名学者直呼其名，而且当着别人的面抽烟，未经允许想擅自进入别人房间，令周围的人不适。总之，史强的警察职业形象管理存在较大问题，需要加强警察职业形象建设。

那么，警察该如何进行职业形象管理呢？

（一）内强素质

俗话说"身正不怕影子斜"，一个人的形象是由自己的言行决定的，一个行业或组织的形象是由全体从业者日积月累树立起来的。警察职业形象不是由别人的吹捧或批评所决定的，也不是强制别人接受的，而是全体人民警察通过自身行为表现长年累月塑造起来的。警察职业形象中的情感形象、体态形象和公仆形象是外在的，而政治形象、法治形象和道德形象是内在的，内在形象决定和制约着外在形象，而外在形象反过来又影响内在形象。因此，塑造良好的警察职业形象最重要的是练好"内功"，在提高警察素质上下功夫。

1. 提高思想认识，不断增强五个意识

一是服务意识。新时代新形势要求警察由管理职能向服务角色转化，只有树立"管理就是服务"的理念，心中有人民群众，将为人民服务的初心和使命牢记在心，警察才能更好地履职尽责，让群众满意。二是宗旨意识。全心全意为人民服务是中国共产党的根本宗旨，人民警察是中国共产党领导下的准纪律部队，服务人民的宗旨决不能改变。为了服务好人民，警察要增强"为人民服务"的宗旨意识，树立良好的服务态度，提高工作效率，全心全意为老百姓解决工作和生活中遇到的新情况、新问题。三是诚信意识。习近平总书记在北京市海淀区民族小学主持召开座谈会时指出，"我们倡导的……爱国、敬业、诚信、友善的社会主义核心价值观，体现了古圣先贤的思想，体现了仁人志士的夙愿，体现了革命先烈的理想，也寄托着各族人民对美好生活的向往。只要是中国人，就应该自觉培育和践行社会主义核心价值观"。践行社会主义核心价值观，要求警察"自觉讲诚信、懂规矩、守纪律，襟怀坦白、言行一致，心存敬畏、手握戒尺，对党忠诚老实，对群众忠诚老实，做到台上台下一种表现，任何时候、任何情况下都不越界、越轨"。四是法治意识。党的二十大报告指出，"坚持全面依法治国，推进法治中国建设"，做到"坚持依法治国、依法执政、依法行政共同推进，坚持法治国家、法治政府、法治社会一体建设，全面推进科学立法、严格执法、公正司法、

全民守法，全面推进国家各方面工作法治化”。因此，依法行政、文明执法，是新时代对每一位人民警察提出的新要求。五是形象意识。形象反映素质，素质折射作风，作风表现文明，文明影响声誉。每一位警察都要有“形象重于生命”的形象意识，高度重视警察职业形象管理，切不可因为个人不好的行为，败坏整体警察职业形象。

2. 建立健全规章制度，规范警务活动和民警管理

良好的形象要靠制度规范和制约，维护“文明之师、威武之师”的警察职业形象，要全面贯彻落实“五条禁令”和《公安机关人民警察内务条令》，规范警务活动，加强警容风纪管理，落实《公安机关人民警察纪律条令》，提高全体民警的政治素质、法律素质和专业技能素养，保持警察队伍的生机和活力，提升警察队伍的纯洁度。同时，坚持教育与惩罚并举，切实执行“严治、严管、严教、严查”，严厉查处违法违纪行为，规范警察执法活动。

3. 做好经费保障，维护好警察职业形象

做好科学的财政预算，解决警察装备经费不足问题，保障警察办案业务经费，满足警察正常的工作和生活需求，推进警察绩效的考核，充分调动全体警察履职尽责的积极性，解决好全体警察的后顾之忧，使他们能以新的姿态全心全意投入工作中，维护好警察职业形象。

4. 落实警务公开制度，改进工作作风

落实警务公开制度，使警察执法活动具体化、透明化和规范化，加强社会公众对警察的理解和支持，加大人大、纪检部门、新闻媒体和社会公众对警察执法活动的监督力度，从而督促警察改进工作作风，提高工作质量和服务意识，保护好人民群众的切身利益，维护安定和谐的社会环境。

（二）外树形象

俗话说“三分长相，七分打扮”，要树立良好的警察职业形象，除了内强素质之外，还要外树形象，即借助外力，向公众展示新时代人民警察新形象。

1. 密切联系群众，加强外部沟通

密切联系群众，“从群众中来，到群众中去”，这既是中国共产党的优良传统和工作作风，也是我们党一贯的思想路线和工作路线。这就要求警察密切联系群众，加强外部沟通，倾听人民的声音，改善工作作风。一是要与人大、政协、纪委、监委、信访等部门保持联系，与基层党委、政府、企事业单位保持密切合作的关系，听取他们的意见，改进工作中存在的问题；二是要加强与民间社团的联络，邀请他们前来参观访问，获取他们在工作上的支持；三是要深入社区和农村，倾听群众呼声，帮助他们解决实际问题，密切警民关系。

2. 加大宣传力度，弘扬正能量

要充分利用新闻媒体等传播工具，宣传警察工作，在全社会弘扬正能量。一是大力宣传人民警察在履职尽责过程中所做的大量不为人知的工作，既要宣传人民警察在工作中取得的成绩，也要反映警察的辛苦和做出的牺牲，唤起社会公众对警察的理解，加深警民之间的感情；二是要把握舆论导向，坚持正面宣传，弘扬主旋律，树立警察队伍中的模范典型，用优秀的作品感染社会公众，让社会公众了解警察、信赖警察。

3. 要建立警察职业形象危机处理机制

公安机关和司法行政机关应建立警察职业形象危机处理机制，指定专人负责形象危机处置，与宣传部门保持密切的联系，跟踪有关警察的舆情动态，发现危机苗头立即采取措施，厘清事实真相，防止负面炒作，消除负面影响。绝不能推脱扯皮，对危害警察职业形象的行为要第一时间处理，以正视听。

总之，加强警察职业形象管理是一项长期而艰巨的任务，建设良好的警察职业形象，要牢记习近平总书记的嘱托，不忘中国共产党人的初心和使命，坚决拥护“两个确立”，牢固增强“四个意识”，坚定“四个自信”，做到“两个维护”，这样才能永葆警察职业形象的正义性、纯洁性、公正性。

课堂讨论

警察该如何管理自己的职业形象？

项目任务书

一、分组

将一个班的学生分为若干个团队，每个团队 5 ～ 6 人。具体步骤如下所述：

1. 通过教师指定或学生自荐或选举产生各团队队长，制定团队章程，明确团队成员和队长的职责与任务。

2. 由队长自行联系本班同学，组建自己的团队。各团队成员应男女生合理搭配，同时要充分考虑到团队成员性格倾向、兴趣爱好、语言表达能力、计算机水平、文字表达能力和组织能力等的搭配。

二、分工与安排

1. 队长针对任务进行详细的任务分工和安排，并落实到团队每一个成员，做到团队中每一个成员都清楚团队的任务和自己的职责，然后按照队长的指令开始行动，确保在规定时间内完成任务。

2. 认真阅读项目任务书所有内容，确认自己需要完成哪些任务（哪些是需要由团队共同完成的任务，哪些是需要自己完成的任务）、如何完成、何时完成，做到有计划、有目的。

注意：需要由团队共同完成的任务，一定要做好规划，听从队长安排，团结一致，协同完成，避免争吵和相互推诿。同时，任务要落实到每一个人身上，明确什么时候完成、由谁负责，一定要合理分工，各尽所能，发挥团队中每一个人的才能。

3. 团队组织到位，分工合作，一定要在规定的时间内完成任务，完成任务过程中要做到有序、有效；同时，填好相关表格，清晰地写好相关任务书，资料完整，讲究逻辑。

注意：在完成任务过程中，要有效协作，注意安全，保证团队每一个成员的人身安全和财产安全。

4. 如有不清楚的地方请及时与指导教师沟通。

5. 根据任务清单，填写计划安排表（见表 0－1）。

表 0－1　计划安排表

练习编号	任务内容及说明	时间安排	负责及参与人员	备注说明

三、练习内容

任务 1：职业形象调查

走进政府政务服务部门或某公司服务窗口，注意观察工作人员的行为和表现，对他们的职业形象进行全方位的调研，然后完成表 0－2 的填写。

表 0－2　职业形象调查表

调查对象		
调查人员		
调查时间		
职业形象	项目	行为表现或理念
	职业准则	
	职业规范	
	职业传统	
	职业道德	
	职业理想	
	职业信念	
	职业素质	
	职业气质	
	职业仪表	

任务2：警察职业形象调查

走进警务部门，对警察职业形象进行全方位的调研，然后完成表0-3的填写。

表0-3　警察职业形象调查表

<table>
<tr><td colspan="2">调查对象</td><td></td></tr>
<tr><td colspan="2">调查人员</td><td></td></tr>
<tr><td colspan="2">调查时间</td><td></td></tr>
<tr><td rowspan="7">警察职业形象</td><td>项目</td><td>描述</td></tr>
<tr><td>现状</td><td></td></tr>
<tr><td>问题</td><td></td></tr>
<tr><td>优点</td><td></td></tr>
<tr><td>原因</td><td></td></tr>
<tr><td>对策</td><td></td></tr>
<tr><td>启示</td><td></td></tr>
</table>

四、成果评价标准与得分

（一）评价标准

本项目包括两个任务，每个任务都有相应的分值，具体评价标准为：

1. 本项目任务占最后总评成绩的10%。
2. 任务分工表填写符合要求，具有可操作性，记录详细清晰。
3. 独立完成调查，认真记录，按照要求进行分析并且分析得当、正确、有说服力。
4. 在规定的时间内完成。
5. 口头汇报表达清晰、正确、合理，态度认真。

（二）分值分配

填写表 0－4，计算总分。

表 0－4　分值分配表

评分项	满分	个人评价（30%）	小组评价（30%）	教师调整（40%）	总评
分工与安排	20				
任务 1	40				
任务 2	40				
合　计	100				

模块一

警察气质形象

学习目标

知识目标

1. 掌握气质的概念，了解不同的气质类型学说；
2. 知晓气质与职业之间的关系；
3. 了解警察的职业气质形象；
4. 掌握智商与情商的概念，并能厘清两者之间的关系。

能力目标

1. 能根据人的行为表现，判断其气质类型；
2. 能通过气质类型测试量表，准确地确认自己的气质类型；
3. 能根据自己气质类型的行为特征，大致判断出自己适宜从事的职业；
4. 第一次见面能给对方留下良好的印象；
5. 能针对自己的气质类型特征做到扬长避短，并能根据警察的职业性质，培养警察职业气质；
6. 能使用情商测试表测试自己的情商值；
7. 能够提升自己的职业适应能力和人际关系处理能力。

素养目标

1. 培养职业素质、创新能力、职业奉献精神和职业牺牲精神；
2. 学习“五态人”或“五行人”理论，培养学生对中国优秀传统文化的热爱；
3. 学习习近平总书记对中国人民警察队伍所致训词，切实提升职业执法水平，维护警察的职业形象，培养职业责任感和使命感；
4. 通过学习自我激励理论，提升职业进取心。

导入案例

（绛帐县驿馆内，狄仁杰一个人在室内徘徊，桌上的蜡烛突然灭了，狄仁杰准备开门，蜡烛又亮了，狄仁杰一惊，回身发现面前的椅子上端坐一人。）

狄仁杰：你是谁？

李元芳：都说狄公推理如神，常以气质、衣着断人身份，小可正想见识见识。

狄仁杰：我想你黄夜来访，不是想和我捉迷藏吧？

李元芳：我只是想证明一下，狄公真像传说中的那么神，还是浪得虚名？

狄仁杰：（哼哼哼）我已年逾花甲，早就过了争强好胜的年纪，而且名声对我来说更是身外之物。再说，我狄怀英到底是浪得虚名，还是有真才实学，也不是你一个年轻人，一句话能评说得了的。

李元芳：（笑——）这应该算是巧言令色吧？

狄仁杰：（哼哼哼）随你怎么想。不过我已经预感到，今天我会有些收获。为了不浪费时间，我决定还是试一试。

李元芳：请讲。

狄仁杰：腰杆挺直，腿微分，双手居案，典型的卫军下级军官的坐姿。面容憔悴，脸色苍白，而双颊却有红晕，据医理而言是精血羸弱，虚火上浮，此乃失血过多所致。这一点从你左边衣领中渗出的血迹，即可得到证明。如此深夜你从窗户潜进房中见我，定是不欲让人知道行踪。那么，一个军官身负重伤，行踪诡秘，会是什么人呢？哼！李元芳——护送突厥使团的卫队长，朝廷第一号通缉犯。

李元芳：（惊异）如果不是亲眼所见，我真的不敢相信。不错，我就是李元芳。

注：根据电视剧《神探狄仁杰Ⅰ》第二集片段改编。

案例分析：

狄仁杰是如何判断面前端坐着的人就是李元芳的呢？据其所言，根据李元芳的仪容仪表，即“腰杆挺直，腿微分，双手居案”，再加上他观察到李元芳穿着大唐甘南道军服，可判定此人乃是“典型的卫军下级军官”；根据“面容憔悴，脸色苍白，而双颊却有红晕”，“左边衣领中渗出的血迹”，可以判断此人连日在外奔波，躲避追捕；深夜“从窗户潜进房中”，“不欲让人知道行踪”，“行踪诡秘”而又“身负重伤”，联系到朝廷四处通缉李元芳，故狄仁杰判断坐在自己眼前之人正是李元芳。电视剧中，狄仁杰的智商和情商超群，他能根据一个人的气质和行为，推理出这个人的职业，甚至还可以推断出这个人的真实身份。

我们在生活中能不能根据一个人的气质或行为推断出其身份或职业呢？这是完全可以做到的。比如军人因为长期训练，站如松，坐如钟，行如风；如是野战军，长期在外训练，皮肤黝黑粗糙，再加上经常持枪，手上有茧；头戴军帽，额上有痕迹。而警察，有军人的味道，站坐行异于普通人，看起来有点严肃。不同职业的人，会形成不同的气质。我们可以根据不同职业的职业特点，判断出一个人的身份。

思考：

什么是气质？什么是情商？警察应该具有什么样的气质和情商？

知识充电站

一、气质的概念

《现代汉语词典》(第 7 版)对“气质”一词有这样的解释:“1. 人的相当稳定的个性特点,如活泼、直爽、沉静、浮躁等。是高级神经活动在人的行动上的表现”;“2. 指风格;气度”。在生活中经常听到类似的表述,如某人“气质好”或“气质不好”。那么,怎么理解这里的“气质”呢?

从美学层面上看,气质指一个人外在的形象,包括长相、妆容、穿戴、语言、行为等综合要素,即给人的一种总体感觉。一个人长相漂亮,并不一定气质好;长相普通,并不一定气质不好。

案例 1-1

有一对孪生兄弟,两人出生时间仅相差 1 分钟,长得几乎一模一样。两人在相同的环境中成长,但哥哥较为乐观,弟弟却非常悲观。

有一天,他们的父亲欲对他们进行“性格改造”。他把乐观的哥哥关进一间堆满马粪的马厩里,把悲观的弟弟锁在一间放满漂亮玩具的房间里。

一个小时后,父亲走进弟弟房间,发现他坐在一个角落里,正伤心地哭泣。父亲不解地问:“这么多玩具,你怎么不玩啊?”“会把玩具玩坏的。”弟弟边哭边说。

当父亲走进马厩时,发现哥哥正在兴致勃勃地用一把小铲子挖着马粪,地上散落的马粪被铲得干干净净。看到父亲来了,哥哥高兴地叫道:“爸爸,这里有这么多马粪,附近肯定会有一匹漂亮的小马,我要给它清理出一块干净的地方来!”

点评:

一对孪生兄弟长相极为相似,在同样的环境中成长,又接受同样的教育,为什么他们的表现会有如此大的差别?这是因为他们气质不同。从美学层面上看,他们的外表几乎一模一样,但他们内在的气质是不同的,即他们的自我认知、对外在事物的感知方式以及“脾气”“性格”“性情”等完全不同。可见,气质是独特的,任何两个人都不可能拥有相同的气质。

从心理学层面上看,气质是指人在认知自我和认知外在世界时所表现出来的典型的、持续稳定的心理特征,包括认知事物心理活动的强弱、认知的快慢和均衡程度等动力特征,情感世界中的喜怒哀乐等情绪,言谈举止、待人接物等过程中所表现出来的高雅或粗俗、恬静或聒噪、豪放或拘谨等人格特征。这些特征表现出稳定、较为持久的特点,便构成了一个人的气质。气质有着浓厚的个性化色彩,与人们常说的“脾气”“性格”“性情”等含义相近。

气质与性格有无区别呢？

《现代汉语词典》（第 7 版）认为“性格”是“在对人、对事的态度和行为方式上所表现出来的心理特点，如开朗、刚强、懦弱、粗暴等”。某种程度上，性格可以理解为一个人的脾气。性格不同于气质，它更多反映的是社会属性，是一个人对其他人和事物的态度或倾向，这种倾向或有益于社会和他人，或有害于社会和他人。性格与气质相互制约、相互影响，人们常说“江山易改，禀性难移”，很多人认为指的是性格，而实际上指的是气质。某种气质的人很容易形成某种性格，性格可以在某种程度上掩饰、改变气质；气质受生理影响大，而性格则受环境影响大；气质没有好坏之分，是与生俱来的、不易改变的，而性格是后天形成的，较容易改变；气质可塑性小，性格可塑性大。

课堂讨论

学习了何为气质，谈一谈如何在第一次见面时给对方留下良好的印象。

二、气质类型学说

现实生活中我们会发现，不同的人对待同样的事情，表现明显不同，这说明他们的气质有明显的差异。同时，我们也发现有一些人会表现出相似的气质特征。在心理学上，研究者对气质类型进行了不同的划分，提出了不同的气质类型学说，这里主要介绍几种有代表性的气质类型学说。

案例 1－2

有四个人到剧院看戏迟到了，按剧场规矩，迟到者必须幕间才能进场。四人满头大汗，急匆匆地想往剧院里冲。不料入口处门已经关闭，门前挂着“迟到者幕间进场”的牌子。甲二话不说，上前用力砸门，想闯进去。这时出来一个安保人员，拦住甲，不允许他进剧场。甲情绪激动，扯着嗓门与安保人员大吵起来：“我今天一定要进去！否则第一幕戏便看不到了！”

乙看到这种场面，心想，既然人家不让进，争吵也没有什么用，于是上前劝阻道：“前门不让进，看一看其他门能不能进去。”乙说罢，离开前门，另想办法去了。

丙见此，自言自语道：“何必费唇舌，不要急嘛！不让进就不进。不如到休息室玩一会儿手机，等幕间休息再进场也行。”说完，他慢悠悠地踱到休息室，坐在沙发上，跷起二郎腿，刷起了手机。

丁见状，满脸沮丧，闷声不响地往回走，摇头叹气道：“唉，我这个人怎么这么倒霉，第一次看戏就遇到这样倒霉的事情。”他皱着眉头，满脸愁云往家走。

点评：

同样是看戏迟到被安保人员阻拦不让进这件事，甲、乙、丙、丁四人的表现大为不同，他们为什么会有不同的表现？这主要和他们的气质相关。那么，这四个人分别是什么样的气质类型呢？

（一）经典四类气质学说

古希腊著名医生希波克拉底，为了驳斥“神赐疾病”的荒谬学说，积极探索研究人的肌体特征和发病原因，提出了著名的“体液学说”。他认为人体是由血液、黏液、黄胆、黑胆四种体液组成的，不同的人，这四种体液的比例不同，便形成了人的不同性格。体液理论不仅是一种病理学说，还是最早的气质学说。

古罗马的克劳迪亚斯·盖伦最早提出气质这一概念，他继承和发展了体液学说，创立了气质学说。后人在他的气质学说的基础上，不断发展完善，形成了经典四类气质学说，即多血质、胆汁质、黏液质、抑郁质。气质经典类型见表 1－1。

表 1－1　气质经典类型

气质类型	神经活动类型	倾向性	日常主要表现					代表人物
			情感	态度	行为	言语	性格	
多血质	活泼型	外倾性	丰富、易变	热情大方	机敏、活泼	能说会道	乐观、轻浮	猪八戒
胆汁质	兴奋型	外倾性	外露、兴奋	热情	粗鲁	直爽	急躁、粗心	孙悟空
黏液质	安静型	内倾性	稳定	冷淡	迟缓、稳重	慢条斯理	怀旧、沉着	沙和尚
抑郁质	抑制型	内倾性	深刻、敏感	羞涩	迟缓、柔弱	沉默寡言	细心、孤僻	唐三藏

对照表 1－1，分析案例 1－2 中甲、乙、丙、丁四人的气质：

甲，情绪激动，粗野砸门，还想闯进剧院，与安保人员大吵大闹，一条道走到黑，属于典型的胆汁质。

乙，善于理解别人，能主动热情地劝慰他人，头脑灵活，遇事善于应变，能说会道，属于典型的多血质。

丙，能灵活应变，不争不吵，遇事不急不躁，做事不紧不慢，属于典型的黏液质。

丁，满脸沮丧，闷声不响，自怨自艾，悲观丧气，属于典型的抑郁质。

（二）“五态人”或“五行人”

我国古代典籍也对人的气质进行了分类，《黄帝内经·灵枢·通天》根据阴阳匹配关系、人格特征和体质特点，把人分为五种类型，即太阴之人、少阴之人、太阳之人、少阳之人和阴阳平和之人，称为“五态人”。结合《黄帝内经》文本，根据现代气质学说，将“五态人”阴阳匹配关系、体貌特征和基本性格特征制成表格，见表 1－2。

表 1－2 “五态人”

气质类型	阴阳匹配关系	体貌特征	基本性格特征	代表人物
太阴之人	多阴无阳	脸灰暗发青，瘦骨嶙峋，腿长而无力，身体佝偻	贪而不仁，喜欢索取，厌恶付出；处心积虑，不动声色；只顾自己，不识时务，见风使舵	赵姨娘
少阴之人	多阴少阳	貌似清正，站立坐卧时内心躁动不安，善于掩饰，走路时身似下伏	性情急躁，贪图蝇头微利，常存害人之心；他人若有所失，则幸灾乐祸，恍若自己有所得；嫉妒心强，见不得他人取得成绩	王夫人
太阳之人	多阳无阴	仰腰挺胸，身躯向后反张，两腘屈折	性情急躁，办事有魄力，好表现；轻钱财，少守信用，喜高谈阔论，好高骛远；有时是非不分，虽遇失败但不知悔改，意气用事还自以为是	薛蟠
少阳之人	多阳少阴	站立时喜欢把头仰起，走路时喜欢摆晃身子，两只胳膊常常倒背在背后	处事精细随和，自尊自重，而又高傲自得；擅长人际交往，举止大方，刚正不阿；多有才能，多劳心思虑	柳湘莲
阴阳平和之人	阴阳和谐平衡	仪容俊美，腿修长健美，肌肉丰满，步履稳健，行走轻快	平静安稳，不介意个人名利，不惊恐忧虑，不过度兴奋，一切顺从自然，不争胜好强，善于适应环境，不固执保守	贾宝玉

同时，《黄帝内经·灵枢·阴阳二十五人》根据人的形象、体质和性格，又把人分为木行之人、火行之人、土行之人、金行之人和水行之人，称为“五行人”。结合《黄帝内经》文本，根据现代气质学说，将“五行人”体貌特征和基本性格特征制成表格，见表 1－3。

表 1－3 “五行人”

气质类型	体貌特征	基本性格特征	代表人物
金行之人	肤白，面方形，头小，肩背瘦小，腹小，手足小，足跟坚硬，行动轻快	俊美而潇洒，禀性廉洁；性情急躁，静则安，动则悍猛；办事严肃认真，坚强不屈，能明察是非	赵云
木行之人	肤苍色，头小面长，肩背宽大，身直，手足小	柔美而稳重，处事随和；举止大方，刚正不阿；爱思考，积极、向上、进取	屈原
水行之人	肤黑，面不平，头大，颊部较宽广，肩部瘦小，腹大，手足好动，行走时身体摇晃	泰然自若，善于欺骗别人；心胸狭窄，为人卑下；神情多扬扬自得，常郁郁寡欢	高俅
火行之人	肤赤，脊背宽广，颜面瘦小，头小，身材均匀美好，手足小，步履稳健，肩背肌肉丰满，面部颜色红润健康	心性急躁，容易情绪化；办事有魄力，轻钱财，但又少守信用；多思虑，分析问题明快、认识事物深刻；踊跃而不甘落后	关羽

续表

气质类型	体貌特征	基本性格特征	代表人物
土行之人	肤黄，面圆，头大，腹大，腿修长健美，手足小，肌肉丰满，步履稳健，行走轻快	性子沉静，脾气温和；做事慎重，乐意帮助别人；诚实忠厚，乐观无忧；独立奋进，善于团结人	诸葛亮

无论是“五态人”还是“五行人”，都是从中医学角度分类的。有学者从“内向与外向、稳定与不稳定的两极人格属性”的角度，将人分为太阳－火行人、少阳－金行人、阴阳平和－土行人、少阴－木行人、太阴－水行人等五种基本类型，即太阳之人对应火行之人、少阳之人对应金行之人、阴阳平和之人对应土行之人、少阴之人对应木行之人、太阴之人对应水行之人。但对照《黄帝内经》文本，发现两种类型的人有些性格特征截然不同，因此此说法仅供参考。

课堂讨论

对照“五态人”或“五行人”理论，看一看你是哪一类人？

三、不同气质应扬长避短

气质是天生的，受后天教育和环境影响较小，但并不是说人的气质就是无法改变的，通过积极的介入、适当的干预，教育者针对不同类型气质因材施教，“量才为教”，个体注意扬长避短，则既能保持气质中优秀的部分，又能消除其中的不良成分。

案例 1－3

子路问：“闻斯行诸？”子曰：“有父兄在，如之何其闻斯行之？”冉有问：“闻斯行诸？”子曰：“闻斯行之。”公西华曰：“由也问闻斯行诸，子曰‘有父兄在’；求也问闻斯行诸，子曰，‘闻斯行之’。赤也惑，敢问。”子曰：“求也退，故进之。由也兼人，故退之。”

资料来源：孔子．论语．北京：中华书局，2017.

点评：

这是一个关于孔子“因材施教”的故事。相同的问题，孔子却给出了不同的答案。作为一名优秀的教育家，孔子熟悉每一个学生的气质，他根据子路和冉有不同的气质特点，因材施教，使他们两个人能够扬长避短。按气质理论，冉有属于黏液质，做事犹豫不决，所以孔子教育他立即去做，不要思前顾后；而子路属于胆汁质，勇力过人，所以孔子教育他做事多与人商量。

可见，不同气质的人，扬长避短，方可事半功倍。首先，要知晓自己的气质类型和特征，了解自己气质中的积极因素和消极因素，吸收其他气质类型的积极因素来补偿消极因素。其次，要纠正自我认知上的偏差，使自己对一些人和事的认知客观公正，让自己的心胸变得更加宽广和大气。再次，要有意识地进行自我锻炼，控制自己的情绪，培养健康情绪，保持积极乐观的心态。最后，要乐于与他人交往，学会与他人交往，取人之长，补己之短。具体到我们的工作学习中，不同气质“量才为教”可参考表 1－4。

表 1－4　不同气质“量才为教”

气质类型	“量才为教”
多血质	学会坚持，防止朝秦暮楚；做事要认真，有计划、有目标；要有自省意识，学会批评与自我批评
胆汁质	制怒制动，慎独；学会中庸，学会内敛，避免简单粗暴；戒骄戒躁，三思而后行
黏液质	要有耐心和热情，多参与集体活动，保持积极向上的精神；办事忌拖拉，留够思考和反应时间
抑郁质	发挥善于思考的优点，主动融入集体生活；积极向上，自强自信，克服怯懦、孤独和疑虑心理

四、气质与职业形象设计

气质不分好坏、善恶，每一种气质都有好的、善的一面，也有坏的、恶的一面，通过学习，我们要了解各种气质类型的特征，扬长避短，只有这样，才能在工作学习中，实现人生价值。气质不能决定一个人的人生价值，但会影响个体对职业的选择，一个优柔寡断的人显然不能成为一名合格的决策者，一个精力旺盛、好动不好静的人显然无法成为一个优秀的钓鱼人。可见，每一种职业，对从业者的气质都有特殊的要求。研究发现，某种气质的人，能很好地胜任某种职业，而对另外一些职业表现出明显的不胜任。民间有一句歇后语说，“张飞穿针——大眼瞪小眼”，张飞穿针为什么会大眼瞪小眼呢？张飞属于胆汁质气质的人，精力旺盛，好动不好静，脾气暴躁，没有耐心，而穿针是一个细活，只有有耐心，能静下心、坐得住的人，才能胜任，让张飞穿针，以他的急脾气，只能大眼瞪小眼。但张飞也有张飞的长处——胯下马，掌中丈八蛇矛，万马军中，如入无人之境。可见，气质类型是选择职业的重要依据之一。

案例 1－4

甲：你让我什么样我就什么样吗？你看我这配角儿也太难当了吧！乙，我演了十几年戏了，就没见过你这么难伺候的主角儿！不演了！不演了！（走到桌边，盘腿坐在板凳上）

乙：我知道你有情绪——

甲：我没情绪！呵呵呵，没情绪！

乙：我知道你不愿演配角儿。

甲：我演了十几年了我告诉你。

乙：我知道你想演主角儿。

甲：废话！谁不想演啊……

乙：啊？

甲：啊谁想演了？

乙：我……但是这个主角儿啊——不是谁都能演的。

甲：别说得那么邪乎。

乙：啊——每个人的条件不一样嘛，我这个角色你就演不了。

甲：（走到乙跟前）你的角色我演不了？

乙：就是嘛！

甲：说实在的，你以为我不懂这个……

乙：懂什么？

甲：演员演什么戏那全看穿什么衣裳。

乙：啊？

甲：我要是换上您这衣裳……

乙：怎么样？

甲：我演得比你强！

乙：什么什么？你演正面人物？

甲：我演正面人物怎么着！

乙：咱问问在座的朋友们也通不过呀。

甲：你问问！

乙：嗨嗨！你别发动群众啊！

甲：我怎么发动群众啊，群众的眼睛自然雪亮的嘛！

乙：行行！今天我看在大家的面子上，我让他过这一回瘾。（脱衣服）

甲：啊！真换啊？！真换啊？！（赶忙脱衣服）

乙：来！我主要是让你看看我是怎么演配角儿的。

甲：啊不不不，我今天让你看看我能不能演主角儿。

乙：你看就我这样的，穿上这个衣服也是个地下工作者啊！（指甲）你们再瞧瞧这位，他整个儿一打入我军内部的特务！

（甲穿好衣服后傻笑，两手叉腰，神气十足）

乙：叉腰干什么？

甲：（拍乙的肩膀）小鬼——

乙：去去去！谁是小鬼！我说——好了没有？

甲：好了。

乙：下去！

甲：哎！（欣然下去）（看看自己的衣服回过神来）（拍拍乙，指指台侧）

乙：干吗？

甲：下去！

乙：你！

甲：我是主角儿！

乙：（推开甲）往后往后！（慢慢走到一边儿停下）

甲：叛徒神气什么，他？（要拔枪）嘿！你下去！

乙：（指指甲，只得下去）真是的！

甲：哼！真是的！开始了啊！

注：根据小品《主角与配角》片段改编。

点评：

乙说“每个人的条件不一样嘛”，这里的“条件”就是指的气质，他的意思是说，有的演员因为气质的原因不能演某些角色。甲光着脑袋，个子不高，看起来松松垮垮，往那儿一站，不化妆，这气质和形象不适合演正面人物，更适合演叛徒。一个演员的气质会影响他的戏路，其他职业也是如此。一个人的气质会影响其职业的选择，也会影响其职业形象。

某些气质类型可以为人们从事某些工作提供有利条件，不同的职业对从业人员的气质类型也有不同的要求，比如有些特殊的职业，如飞行员、运动员、雷达观察员等，须经过严格的气质测试，选出气质类型适合的人来从事这些工作。那么，不同气质的人适合从事哪些职业？气质与职业形象的关系又如何呢？

有研究者根据不同气质类型的人的不同行为特征，再结合不同种工作岗位对从业人员职业技能和职业素质的要求进行分类总结，得出不同气质类型的人最适宜的工作和表现出的不同职业形象，见表 1－5。

表 1－5　不同气质类型的行为特征、适宜的工作与职业形象

气质类型	行为特征	适宜的工作	职业形象
多血质	活泼好动，情绪波动大；善于交际，思维敏捷，反应迅速，适应力强；兴趣广泛，具有外倾性	服务、咨询、销售、推销人员；导游、采购员；商人、广告人员；记者、律师、演员；侦探、政治家、外交家等	可以胜任很多工作，能成为团队的核心，能独当一面，成为领导式的人物，对新环境和新工作适应能力较强；但做事容易表面化，不愿安于现状，容易被人误解
胆汁质	直率热情、精力旺盛、抑制力差；情绪化、办事急躁、易冲动；灵敏有力，意志坚强；脾气暴躁，具有外倾性	外交工作、政治工作、军事工作；商业活动、实业工作；作家、诗人、记者、设计师；护士、推销人员；节目主持人、演说家等	具有与生俱来的领导才能，喜欢活跃在社会上层，性格张扬，不拘小节，专注于目标，富有激情，喜欢挑战刺激性工作，适应力较强

续表

气质类型	行为特征	适宜的工作	职业形象
黏液质	安静、稳重、不易激动、反应迟缓；情绪不外露、注意力集中；耐心、忍让，具有内倾性	研究、教育、医师等领域；作家、漫画家、艺术家；服装设计、广告宣传、新闻报道、财务会计等安静、思辨性强的工作	完美主义者，冷静而富有诗意，做事有计划、有条理、有组织、有创造性，注重细节，追求高标准，讲究浑然天成，性格沉稳，给人亲切之感
抑郁质	性情孤僻、情绪稳定、体验深刻；反应慢而不灵活，耐性高；办事刻板、善于察言观色；具有内倾性	校对、统计、财务、打字、秘书、化验等工作；学者、教育家、研究人员、技术人员、检验人员、医师等不需与人过多打交道、需要耐心细致的工作	做事慎重耐心，深思熟虑后方采取行动，有一定的领导能力，能够协调好各方面矛盾，讲究格调和浪漫，给人与众不同之感，但有时过于悲观

有研究发现，在我国大学生群体中，65.93% 属于复合型气质，单一型气质占 34.07%；56.33% 为多血质，24.18% 为黏液质，13.72% 为胆汁质，5.77% 为抑郁质。其中，理科生黏液质居多，文科生则胆汁质、多血质、抑郁质居多；男生多为胆汁质、多血质，而女生多为黏液质，少量为抑郁质。因此，不同气质类型的大学生择业时，在所学专业和兴趣爱好的基础上，还应充分地考虑到自己的气质适合从事哪些职业。

课堂讨论

对照表 1－5，结合你的气质特点和兴趣爱好，分析一下你最适合从事的职业。

五、警察的职业气质形象

警察，是维护国家安全和社会治安秩序，保护公民的人身安全、人身自由、合法财产以及公共财产不受非法侵犯，预防、制止和惩治违法犯罪活动的国家工作人员组成部分。同时，警察从事的也是一种高度紧张、危险、极富刺激性的工作，“5+2”、白加黑，工作连轴转，生活无规律，虽然现在是和平年代，但警察也经常面临流血、受伤、死亡的风险，甚至还会受到人们的误解。警察职业的特殊性，对警察的心理素质要求非常高，特别要求其在身心高度紧张的状况下，能保持敏捷的思维和清晰的思路，对外界情况能做出迅速的反应和判断，采取相应的行动，这就对警察的职业气质提出了更高的要求。

课堂讨论

警察作为特殊的群体，是不是要有特殊的气质？

作为一名警察，神经气质要强，要求不易受外界干扰、情绪稳定、性格外向、活泼好动、精力旺盛、富于生气、动作敏捷、反应迅速、适应能力强，同时还要勇敢、乐观、亲切，这是一名合格的人民警察所必须具备的基本素质。而那些见血就晕、听见枪声腿就软的人，那些遇事慌张、优柔寡断的人，那些脾气暴躁、适应能力差的人，那些语言表达弱、逻辑推理差的人，那些刚愎自用、自以为是的人……显然都不适宜成为警察。

（一）警察职业气质表现

从心理学角度来看，哪种气质最适宜从事警察这一特殊职业呢?

有研究报告指出，在警察气质类型中，神经强型气质人数（62%）远远高于神经弱型气质（1%），具体表现为，多血质占比为48%，黏液质占比为12%，胆汁质占比为2%，抑郁质最少，占比为1%。总之，警察气质特性主要表现为典型的情绪稳定性和性格外倾性。如果一个人的气质不适合做警察，而他偏偏选择成为一名警察，那么他不仅在工作中很难取得一定成绩，还会十分被动，甚至会害人害己。

案例 1－5

（在一片枪声中，小唐持枪躲在房子旁边，他龇着牙、张着嘴，犹豫了再三，下定决心，探出身，他发现对面有人影晃动，“啊”的一声叫，对着人影扣动扳机，子弹打在镜子上，镜子稀里哗啦，全碎了。原来小唐看到的人影是镜中的自己。他双手握着枪，瞪着眼，张着嘴，嘴里发出“嗯啊”的声音，然后一闪身，又躲在房子后面。）

陈家驹：（持着枪，从坡上跳出来，对着一名便衣警察说）兄弟，上面有个女犯罪嫌疑人，把她带回去。

便衣警察：是。

（小唐单手拿着枪，侧着身体，惊恐地瞪着眼，躲闪着，四处观察。一声枪响，陈家驹出现在小唐的面前，小唐发出“嗯”的声音，持枪躲在掩体后面，用枪指着前方。）

陈家驹：（露出半边脸，朝小唐道）是我。

小唐：（听到声音，发出“啊”的声音，探出身，站了起来。两个人拿着枪，并排站在房子旁边）为什么这样?

陈家驹：别提了。

陈家驹：（小唐持枪的手一直不停地在抖，陈家驹一把抓住小唐的手腕，安慰道）镇静点!

（小唐吞了一下口水，微微点了点头。两个人同时转过身，这时枪声又响起，有人喊道：“自己人!”有便衣警察中枪，发出“啊”的一声，倒了下去，发出“啊呀”的惨叫。小唐拿着枪，一脸惊恐，不知所措。）

陈家驹：小唐！小唐！

小唐：（单膝跪地，单手持枪，傻傻地看着，半天才反应过来）啊?

陈家驹：掩护我。

（陈家驹将受伤的便衣警察拽到建筑物后面。小唐双手握着枪，枪不停地抖着。有一毒贩冲过来，连续射击。小唐双手挡在面前，躲避着。陈家驹用手捂住便衣警察的伤口，便衣警察哀号着。小唐猛地伸出枪，朝毒贩连续射击。他嘴里发出“嘿嘿”的声音，打光了手枪中所有的子弹。陈家驹放开受伤的便衣警察，躲在屋子后面，观察了一下，向小唐冲过来。）

陈家驹：（一把抱住小唐，喊道）小唐！小唐！

陈家驹：（小唐丧失理智地挣扎着）你干什么？不要这样！

陈家驹：（两个人对峙着）你镇定一点！

（陈家驹放开小唐，小唐喘着粗气，陈家驹拿掉小唐手中的枪，往里面塞子弹。）

受伤的便衣警察：疼死我了，救救我！救救我！

陈家驹：（命令道）在这看着他！

（受伤的便衣警察在地上哀号……陈家驹依着房子往前冲去……）

注：根据电影《警察故事》片段改编。

点评：

从小唐的表现来看，作为一名刑警，小唐是不合格的，他被激烈的枪战吓昏了头，不知所措，失去了应有的反应，只是拿着枪哆嗦。他先是对着镜子中的自己开了一枪，打碎了镜子。小唐的行为是鲁莽的，缺乏应有的应激性和判断力，在重压之下，他连镜子中的自己都无法辨识，幸好是一面镜子，如果对面来的是自己同事，便要倒在小唐的枪口之下。当同事受伤之后，小唐更是吓得呆若木鸡，没有立刻去救助自己的同事。最后，他在精神几乎崩溃的情况下，对着空气打光了枪中所有的子弹，所幸没有误伤任何人，也没有再出现嫌犯，否则小唐性命不保。

从小唐的行为表现中可以看出，小唐的气质不适合做一名刑警，他胆小怕事，不具有作为警察应具备的勇敢果断的心理素质，面对歹徒慌里慌张，一而再再而三地犯错误。像小唐这样的人，更适合做一些技术性的、不需要冒险的工作。

警察作为一种特殊的职业，在招生和选拔时，一定要进行心理素质测试，然后进行定量定性分析，淘汰那些不适宜从事警察工作的人。对警察进行教育培训时，应严格按照培训大纲进行，不要走过场、搞形式，要切实提高学员的心理素质，使他们能很好地适应将来的工作，在自己的工作岗位上做出应有的成绩。

警察除了要具有良好的心理素质，还应具备高度的政治信仰，忠于党、忠于祖国、忠于人民，践行“忠诚、为民、尚法、担当”的精神和理念。2020 年 8 月 26 日，习近平总书记向中国人民警察队伍授旗并致训词时指出，“我国人民警察是国家重要的治安行政和刑事司法力量，主要任务是维护国家安全，维护社会治安秩序，保护公民人身安全、人身自由、合法财产，保护公共财产，预防、制止、惩治违法犯罪。新的历史条件下，我国人民警察要对党忠诚、服务人民、执法公正、纪律严明，全心全意为增强人民群众获得感、幸福感、安全感而努力工作，坚决完成党和人民赋予的使命任务”。因此，人民警察要苦练基本功，切实提高执法水平，维护警察的职业形象，服务一方百姓，守护一方平安，完成党和国家赋予的光荣使命和任务。

1. 要忠诚于党，做克己奉公、无私奉献的人民警察

无数历史事实证明，没有共产党就没有新中国，只有中国共产党才能救中国，只有中国共产党才能发展中国，中国共产党的执政地位是历史选择的结果，作为“根据国家和统治者阶级的意志，按照确定标准设置的警察机关及其警务人员”，“要坚持党的绝对领导，坚持政治建警方针”，“始终以党的旗帜为旗帜、以党的方向为方向、以党的意志为意志，坚决听从党中央命令、服从党中央指挥，确保绝对忠诚、绝对纯洁、绝对可靠”。中国共产党是中国工人阶级的先锋队，同时是中国人民和中华民族的先锋队，是中国特色社会主义事业的领导核心，代表中国先进生产力的发展要求，代表中国先进文化的前进方向，代表中国最广大人民的根本利益，中国共产党的领导体现出中国人民的意志和力量，中国人民警察作为中国共产党领导下的一支纪律部队，应“聚焦实战、强化训练，着力锤炼铁一般的理想信念、铁一般的责任担当、铁一般的过硬本领、铁一般的纪律作风，充分展现党领导的社会主义国家人民警察克己奉公、无私奉献的良好形象”。

2. 服务人民，做“为民、担当”的人民警察

“一切为了群众，一切依靠群众，从群众中来，到群众中去”，群众路线是我们党的根本工作路线和工作方法，更是人民警察的根本宗旨，即全心全意为人民服务。人民警察要有“俯首甘为孺子牛”的精神，坚持以人民为中心，维护人民群众利益，确保人民群众安全，为人民做具体而实在的事，做“为民、担当”的人民警察。绝不允许警察端着人民赋予的饭碗，反过来故意刁难人民群众，对人民群众吃、拿、卡、要，做人民群众的“老爷”。

3. 要执法公正，做朝气蓬勃、正气浩然的人民警察

中国人民警察是坚定的法律执行者和维护者，要规范权力的运行，坚决维护法律公平和正义，维护社会和人民的利益，立警为公，执法为民，不断提高执法司法公信力，让党和人民满意放心。警察是一个扶弱济贫、伸张正义的职业，要为民服务，为弱势群体撑腰，帮助他们解决实际问题，替他们排忧解难。绝不允许贪赃枉法，损公肥私，做出有损人民警察形象的事，要做充满朝气、敢想敢做、爱憎分明、惩恶扬善、正气浩然的人民警察。

（二）如何培养警察气质，提升警察职业形象

虽然人的气质是天生的，但通过后天学习、积极干预，是可以部分地改变一个人的气质的。某一类职业的从业者，他们会有相似的气质，比如军人，从形象上看，坐

如钟、站如松、行如风；从行事方式上看，干练、果敢、有条理；从内在气质上看，坚韧、能吃苦、不服输、诚实、重情义。他们是在长期训练中，逐渐形成了一种相似的气质形象。可见，有针对性地进行训练或“量才为教”，可以培养期待中的气质形象。因此，警察的气质形象完全可以通过训练和学习培养出来。

1. 加强警察理论、业务技能和文化知识的学习，提高警察的内在气质形象

习近平总书记在中央党校建校 80 周年庆祝大会上的讲话中指出，“把学习型放在第一位，是因为学习是前提，学习好才能服务好，学习好才有可能进行创新。既然我们都是领导干部，都担负着党和人民交付的职责，就要不断提高自己、丰富自己，兢兢业业做好工作，不断提高工作水平和质量”。人民警察是中华人民共和国武装力量的重要组成部分，承担着“维护国家安全，维护社会治安秩序，保护公民人身安全、人身自由、合法财产，保护公共财产，预防、制止和惩治违法犯罪”的光荣任务，警察要想完成这一伟大的使命，就要不断地学习，以应对信息化和知识化的挑战，驾驭日趋复杂的社会治安形势，不断提高人民警察的整体竞争力。

第一，理论学习是大方向。习近平总书记多次强调理论知识的重要性，他在中央党校建校 80 周年庆祝大会上的讲话中指出，“首先要认真学习马克思主义理论，这是我们做好一切工作的看家本领，也是领导干部必须普遍掌握的工作制胜的看家本领”。当前学习马克思主义理论主要包括学习马克思列宁主义、毛泽东思想、邓小平理论、“三个代表”重要思想、科学发展观和习近平新时代中国特色社会主义思想，特别是要学会运用马克思主义立场、观点、方法，解决实际工作中遇到的问题，替人民分忧解难，为人民办事。同时，学习党的路线方针政策和国家法律法规，这是领导干部开展工作要做的基本准备，也是很重要的政治素养。经济、政治、历史、文化、社会、科技、军事、外交等方面的知识，领导干部要结合工作需要来学习，不断提高自己的知识化、专业化水平。人民警察只有坚持理论学习，才能在纷繁复杂的形势下，把握住大方向，听党话、跟党走，把一切献给党、献给人民，才能更好地为人民服务。

第二，业务学习是根本要务。围绕警察的业务工作，按照“干什么学什么，缺什么补什么”的原则，开展政治大练兵、技能大练兵、体能大练兵和行为大练兵活动，端正执法思想，提高业务水平，树立良好的职业形象。同时，做好接处警工作、治安行政管理、教育改造、窗口服务等与群众关系比较密切的服务工作。只有通过多种形式的学习和培训，有效提高人民警察的政治素质、法律素质和实战技能，才能保证执法水平和执法质量，才能更好地维护人民警察的职业形象。

第三，文化知识学习是根本途径。“观乎人文，以化成天下。”文化的作用是在潜移默化中影响人的精神世界，改变人的气质。要以文化为熏陶手段，全方位营造文化氛围，引导广大民警树立正确的世界观、人生观、价值观，形成一整套自成体系的价值观念和规范标准，促使民警进行自我心理约束和自我行为控制，增强民警的凝聚力、向心力、创造力，提高民警的整体素质和职业形象。

2. 严肃警容风纪，规范执法流程，强化警务人员的形象管理

“内练一口气，外练筋骨皮。”警务人员除了加强内在气质的培养，还应强化形象管理。

第一，严肃警容风纪。严格执行《公安机关人民警察内务条令》，着装规范，仪表端庄，举止得体，精神饱满，保持警容严整，树立人民警察良好的形象。

第二，规范执法流程。警务人员语言要文明，接待群众时要热情周到，态度友好和善；调解纠纷、处理案件时，要客观公正，刚正不阿；执行勤务、巡逻盘查、执行搜查时，要规范执法，按流程办事，确保执法过程科学化、正规化和人性化，经得起时间和人民的检验；教育改造服刑人员或戒毒人员时，要耐心细致，以理服人，以法律为准绳，引导他们改过自新、重新做人。总之，警务人员不仅要在工作时间内注意形象，强化规范意识，树立文明形象，在工作时间之外，也要严格要求自己，以身作则，注重自我形象管理。

3. 注重制度建设，以法律和制度为准绳，强化警务人员的职业意识

以制度推动落实，以成效检验落实，要建设一支“铁一般的理想信念、铁一般的责任担当、铁一般的过硬本领、铁一般的纪律作风”的人民警察队伍，必须加强人民警察队伍建设，注重制度建设，以法律和制度为准绳，强化警务人员的职业意识。警务人员要遵守《中华人民共和国公务员法》，贯彻落实《公安机关人民警察内务条令》等相关规定，严格遵守“五条禁令”“三项纪律”，从大处着眼、小处着手，重视细节管理，狠抓作风纪律养成，加大对警察形象的考核力度。同时，制定相关考核办法，严厉查纠不良行为；对有损人民警察形象的现象要动真碰硬，坚决查处，绝不能姑息迁就。所有警务人员要做到守住底线，不踩“红线”，不碰“高压线”，树立规矩意识、纪律意识和政治意识，以人民的利益为最高利益，甘当人民群众的“公仆”。

问卷调查

设计一个问卷调查表，调查一下你身边工作或学习的警察在心理学上属于什么样的气质，并简单地归纳他们是什么形象的人。

六、智商与情商

美国心理学专家丹尼尔·戈尔曼曾提出，100% 成功 =20%IQ+80%EQ。意思是说，一个人能否获得成功，20% 取决于他的智商，80% 取决于他的情商。生活中我们会发现，有些大学生成绩优秀，走上社会后却无所作为；而有些学习成绩一般的人，踏入社会后却在所属领域获得成功。这更有力地证明了丹尼尔·戈尔曼的情商理论。

IQ，全称为“Intelligence Quotient”，即智力商数，简称智商，是用来衡量个体智力高低的数量化标准，它是指用心理学家设计的测试智力的量表测出的个体智力成绩与同龄人通常的成绩相比的指数。世界上最早的智力量表是由法国心理学家比奈

(Alfred Binet)设计的，它将普通人平均智商设定为100，智力正常的人测试值大都在85至115范围内。1916年，美国斯坦福大学教授特曼（Lewis Terman）改造了由比奈及其助手西蒙编制的比奈－西蒙智力量表，形成了智商概念，并以数值表示，即心理年龄与生理年龄之比，以此评判一个人的智商，用公式表示为：IQ=MA（心理年龄）/CA（生理年龄）×100。

影响个体智商高低的因素主要有遗传、母乳、饮食、体重、环境和药物等。一般情况下，父母智商高，孩子智商不会低；母乳喂养的儿童相对比吃代乳制品长大的儿童智商要高；饮食中微量元素不足，或者营养不良，或者重金属如铜、铅超标，会阻碍智商发育；超出正常体重20%的人，其智商比正常体重的人要低；良好的生活和教育环境，可以提升人的智商；长期服用某些药物，如抗癫痫药物，智商会降低。

案例 1－6

有一个卖宠物狗的推销员，忙碌了一天，一条狗也没卖出去。他敲开了一户人家的门，出来一位中年女性。女人见是推销员，不耐烦地说："我不买狗。"推销员说："我不卖狗给你，这条狗我抱不动了，只想把狗寄放在你家两天，过几天我来取。"女人一听说放两天，心里很高兴，可以免费玩两天小狗，便同意了。推销员留下小狗和狗粮，要了女人的电话，回去了。第二天，推销员打来电话，询问女人小狗怎么样。女人说小狗挺好。第三天，推销员又打来电话，问狗还活着吗。"活得挺好。"女人非常愉快地说。第四天，推销员打电话说要过来取狗，女人却说："你来取钱吧。"就这样，推销员成功卖出了一条狗。

点评：

推销员一天未能卖出一条狗，他及时转变思路，将卖狗变成寄放狗，让女人与狗一起生活几天慢慢培养感情。女人对狗产生感情后，便会心甘情愿地买下狗了。该推销员的小狗推销术显示了其洞察人心的能力，不仅表现出超高的智商，还展示出超高的情商。

那么，什么是情商？情商与智商有什么样的关系呢？

情商，英文全称为"Emotional Quotient"，缩写为"EQ"，是心理学家提出的与智商相对应的概念，通常指情绪商数，主要表现为人在情绪、情感、直觉、信心、意志、耐受挫折力、合作等方面表现出的稳定的心理素质，又称作"情绪智慧""情绪智商""情绪智力"。一般情况下，人的情商先天并无明显差异，其高低与后天的教育培养密不可分。

"情商"这个术语最早是1987年吐基思·比思利在《门萨杂志》上发表的一篇文章中首次提到的，而真正解释并全面论述情商这一概念的则是美国的两位心理学家彼得·沙洛维和约翰·迈耶，确切地说，他们讨论的是情感智商，但他们的文章未能获得世人关注，直到1995年，丹尼尔·戈尔曼出版了《情商：为什么情商比智商更重要》一书，EQ才引起全球性的关注和研究。

丹尼尔·戈尔曼认为情商主要包括五大能力，即认知自身情绪的能力、妥善管理情绪的能力、自我激励的能力、认知他人情绪的能力和处理人际关系的能力。除了这五大能力，现在认为情商还体现在应变能力、合作能力、协调能力、沟通能力、适应能力、乐观自信力等多方面能力上，这些能力有机地形成了情商完整的能力体系。

智商是一个人迈向成功的阶梯，而情商决定了这个人一生在台阶上能够走多远。调查研究显示，情商对人的影响力是智商的9倍。智商与情商相互影响、辩证统一：情商是一种特殊的、相对独立的智商，它是一种对自我、他人和社会关系的认知力；智商是情商的一种特殊表现，它是个体在自我行为活动中产生的一种认知能力。智商是情商的基础，情商必须建立在一定智商的基础之上，离开了智商，情商就是无源之水、无本之木。情商为智商的发展奠定了大方向，高情商的人能够有效地利用自己现有的智力资源，使自己的智力朝着能够产生最大效益的方向发展，而不是盲目地、凭心血来潮来发展自己的智力。总体来说，智商与情商是相互促进、共同发展的，智商的提高有利于情商的提高，情商的提高也有利于智商的提高。不过，这二者又是相互区别、相对独立的，智商较高的人，其情商未必较高；情商较高的人，其智商也未必较高。

七、情商的行为表现

情商不是天生的，是在后天教育学习的基础上修炼形成的。情商教育是一种心理塑造过程，通过正确的自我认知、积极的自我激励、妥善的情绪管控和良好的人际关系调整，能切实提高人的情商。在竞争越来越激烈的当今社会，人们的生活节奏越来越快，人际关系越来越复杂，高情商的人如鱼得水，能很好地适应社会、融入社会，而低情商的人则力不从心，与社会格格不入。情商的行为表现见表1－6。

表1－6 情商的行为表现

	行为表现				
	自我认知	自我管理	自我激励	认知他人的情绪	处理人际关系
高情商	自信而不自满，自我意识强，能准确地认清自我	情绪控制力强，目标远大，自我调控能力强，能有效进行自我管理	懂得拒绝，失败后能重新崛起，能在逆境中重生，心理韧性非常强大	尊重、善待他人，能换位思考，善解人意，乐于帮助别人	人际关系良好，和他人能友好相处，善于处理生活中遇到的各方面问题
中情商	拥有一定的自我意识，能认清自我	有目标、有计划，能进行自我调节，能管控自己	做事认真细致，不怕困难，有危机感，敢于竞争，心理韧性一般	能站在别人的角度想问题，对他人、事情、问题能做出判断	能乐观地看待世界，能揣测他人动机心理，拥有一定的人际关系

续表

	行为表现				
	自我认知	自我管理	自我激励	认知他人的情绪	处理人际关系
低情商	自我意识差，无自信，易受他人影响	目标不明确，易发脾气，应对能力差，生活无序，爱抱怨	依赖他人，总为失败找借口，推卸责任，胆小怕事，抗挫力差，易悲观绝望	不善于识人，说话、做事时不考虑别人的感受，以自我为中心	不能很好地和他人相处，不能有效地处理人际关系

八、情商管理与职业形象之间的关系

情商是现代人融入社会的桥梁，高情商者能轻轻松松跨越这座桥梁，有效地融入学习、生活和工作环境中，建立属于自己的人际圈子，在工作和学习中灵活自如地发挥自己的才能。警察担负着维护国家安全和社会治安秩序的特殊使命，代表着法律和正义，但警察也是普通人，也有七情六欲，在工作和生活中也会遇到困难和压力。但他们既然选择成为人民警察，就得铁肩担道义，就得时时刻刻维护人民警察的形象，承担起人民警察的责任。特殊的工作赋予了特殊的使命，每一位警察都必须严格要求自己，管理好自我，适应社会、适应工作环境，做一名政治合格、人民满意、业务精通、形象良好的人民警察。

案例 1－7

一位父亲在公司受到了老板的严厉批评，他窝着一肚子火回到家，看见儿子在沙发上跳来跳去，便大发雷霆，把儿子臭骂一顿。小朋友无缘无故挨了骂，受了委屈，便狠狠一脚踢向身边打滚的猫。猫“喵”的一声叫，逃到大街上。正好一辆卡车开过来，看到猫，司机赶紧避让，却不料把路边玩耍的孩子撞伤。

点评：

这便是心理学上有名的“踢猫效应”，讲的是将坏情绪传递给比自己更弱一级的对象而引发的连锁反应。做好情商管理是养成高情商的重要一环，要学会控制自己的情绪，不要让坏情绪影响自己的心情，遇到事情要制怒，不要迁怒于人，合理宣泄不良情绪，不要将自己的坏情绪带入学习、工作和生活中。每次进入办公室和家门前，要深呼吸，摒弃一切烦恼，以全新的形象投入工作、学习和生活中。

（一）自我认知

自我认知是指在学习、工作和生活中，通过自我观察和自我评价，对自己的气质、能力及为人处世的方式方法有一个全面的评估和评价，对自我形象形成一个清晰准确的判断。自我认知是一种比较复杂、高级的心理过程，它要求认知者在实践中不断观察，反复比较，反躬自省，认真总结，从而对自身形成一个大致的评判。人贵有自知之明，老子云："知人者智，自知者明。"意思是认清别人是一种智慧，认清自己就称得上圣明了。一个高情商的人，能认知自我的现状，认知自我的本质，认清自己是一个什么样的人，知道自己的优点和缺点、长处和短处，知道自己的兴趣爱好，知道自己适合做什么、不适合做什么，知道自己能做好什么、不能做好什么。摆正自己的位置，认清自己的本心，方能取得成功。

案例 1－8

后四年，赵惠文王卒，子孝成王立。七年，秦与赵兵相距长平，时赵奢已死，而蔺相如病笃，赵使廉颇将攻秦，秦数败赵军，赵军固壁不战。秦数挑战，廉颇不肯。赵王信秦之间。秦之间言曰："秦之所恶，独畏马服君赵奢之子赵括为将耳。"赵王因以括为将，代廉颇。蔺相如曰："王以名使括，若胶柱而鼓瑟耳。括徒能读其父书传，不知合变也。"赵王不听，遂将之。

赵括自少时学兵法，言兵事，以天下莫能当。尝与其父奢言兵事，奢不能难，然不谓善。括母问奢其故，奢曰："兵，死地也，而括易言之。使赵不将括即已，若必将之，破赵军者必括也。"及括将行，其母上书言于王曰："括不可使将。"王曰："何以？"对曰："始妾事其父，时为将，身所奉饭饮而进食者以十数，所友者以百数，大王及宗室所赏赐者尽以予军吏士大夫，受命之日，不问家事。今括一旦为将，东向而朝，军吏无敢仰视之者，王所赐金帛，归藏于家，而日视便利田宅可买者买之。王以为何如其父？父子异心，愿王勿遣。"王曰："母置之，吾已决矣。"括母因曰："王终遣之，即有如不称，妾得无随坐乎？"王许诺。

赵括既代廉颇，悉更约束，易置军吏。秦将白起闻之，纵奇兵，详败走，而绝其粮道，分断其军为二，士卒离心。四十余日，军饿，赵括出锐卒自搏战，秦军射杀赵括。括军败，数十万之众遂降秦，秦悉坑之。赵前后所亡凡四十五万。明年，秦兵遂围邯郸，岁余，几不得脱。赖楚、魏诸侯来救，乃得解邯郸之围。赵王亦以括母先言，竟不诛也。

资料来源：司马迁．史记：三．北京：中华书局，2011.

点评：

这便是历史上有名的"纸上谈兵"的故事，讲的是赵括认不清自己、认不清形势，生搬硬套、教条主义，以致兵败长平、身死误国的故事。赵括的父亲是战国时期名将赵奢，与李牧、廉颇齐名。如果赵括能潜下心来，在父亲身边认真学习用兵之道，就不会身败名裂，被天下人耻笑了。而他偏偏无自知之明，夸夸其谈，连廉颇将军也不放在眼里。他父亲这样评价他："使赵不将括即已，若必将之，破赵军者必括也。”他母亲反对他带兵打仗，认为他贪图钱财，不能与士兵同甘共苦。而蔺相如对他的看法可谓一针见血，说他“不知合变也”。但自古忠言逆耳，赵王认不清赵括，听不进意见，赵括自己也听不进，他自以为是，失去了认知自我的机会。此外，赵王不信任自己人，而是听信了他的敌人秦国人，“秦之所恶，独畏马服君赵奢之子赵括为将耳”。赵括一而再再而三地失去认知自我的可能，纸上谈兵，最终战败身死，误国殃民。

血的教训是深刻的，警察在工作、学习和生活中，一定要认清自我，毕竟警察的身份较为特殊，既是执法者，又是法律的维护者，稍有不慎，便会危及正义。

1. 自我认知的内容

通过气质类型测试量表，弄清楚自己的气质类型，以及这类气质类型的行为表现和心理特征，做到扬长避短；通过情商测试量表，弄清楚自己情商的高低，以便在工作和学习中作为参考，做到心中有数，有针对性地做事；了解自己的优点和缺点、长处和短处，发现自己的兴趣爱好，研究自己擅长做什么、不擅长做什么等，以全面认知自我。作为一名人民警察，我们除了要有较强的自我认知能力，对自己有一个清晰的认识，明确自己的优势和劣势，还要了解自己的工作性质、使命和职责，在工作和生活中扬长避短，苦练基本功，坚守底线，莫碰红线，以昂扬的斗志投入工作和生活中去。

2. 自我认知的途径

可以通过别人对自己的评价来认知自我。当然，别人的评价未必准确，我们要学会正确判断，能通过别人的只言片语，判别出对方能指和所指。千万不要把阿谀奉承当作金玉良言，也不要把苦良言当作耳旁风。

认知自我，最重要的是在工作实践中，不断探索，去发现、去反省、去总结，从而了解自我。实践是检验真理的唯一标准，也是检验自我的唯一标准，实践就像是一面放大镜，每个人的优缺点、为人处世的能力，一经实践放大，一览无余。我们要客观地看待自己，认清自我，以便摆正自己的位置，做出正确的判断，做正确的事。

课堂讨论

你是如何认知自我的？

（二）自我管理

自我管理是指个体为了达到预期的目的，在学习、工作和生活中，将自我作为管理和调控对象，积极地、有计划地对自己的目标、心理、思想和行为表现等进行不断的调整、规划、制约和管理的过程。人的自我管理应贯穿于不同时期进行各类活动的过程中，个体只有做好自我组织、自我观察、自我管理、自我约束、自我监督、自我激励、自我调控，最终才能实现自己的奋斗目标。人民警察队伍是一支有着光荣传统和优良作风的队伍，有“铁一般的理想信念、铁一般的责任担当、铁一般的过硬本领、铁一般的执法信念”，因此，每一名警察都应管理好自己，约束好自己，激励好自己，更好地完成自己的使命。

案例 1－9

张老师班上有一个男生李二，他调皮捣蛋，上课不认真听讲，作业不做，经常与同学发生矛盾，几乎天天违反纪律。张老师对他除了说教，就是惩罚，但收效甚微。

有一次，自习课上，李二回头和同学说话，张老师让他转过头来，不要再回头。可是第二天的自习课李二又回头和同学打闹，张老师说：“你又回头该怎么办？”李二毫不在乎地说了一句“再听你啰唆一遍呗”。张老师听后火冒三丈，但他控制住火气，停了片刻说道：“下课后，跟我去办公室。”

下课后，李二去了办公室。办公室里没有其他老师，张老师示意李二坐下，然后对他说：“首先感谢你让我意识到我的啰唆，说实话我也不想啰唆。你也知道来上学的目的，学校里也有规章制度，今天我叫你来的目的不是批评你，而是想听你说说老师哪些地方做得不对。”

说完这些，张老师平静地看着他。李二先是满不在乎，过了一会儿，开始有点局促不安。又过了一会儿，李二低下头。又过了大约 5 分钟，李二抬头说了一句：“老师，你能不能不在同学面前批评我？”

这时张老师方才意识到，五年级的学生不再是小孩子了，有自尊心了，爱面子了，不能再随意公开批评他们了。于是为了消除他的抵触心理，张老师说：“行，我以后不再当众批评你。但你要怎样做才好呢？”

李二说，他今后一定会遵守纪律，认真完成作业……

事后，张老师及时与李二的家长进行了沟通，希望家长观察他的点滴进步并及时给予表扬，张老师也在班上及时表扬李二的进步，有时发现李二旧毛病又犯了，也不批评他，而是走到他身边，轻轻拍拍他的肩膀，善意提醒他。

后来，李二逐渐明白了做人的道理，明确了学习的目的，端正了学习态度。

点评：

李二总是调皮捣蛋不遵守课堂纪律，因为一次课堂上回头找同学说话，被张老师当众批评，李二当场回怼张老师，令张老师有点难堪。但张老师管理好自己的情绪，没有继续批评李二，避免了一场冲突。下课后，张老师让李二到办公室去，两个人心平气和地交流了意见，李二指出张老师经常当众批评他伤害了他的自尊，张老师承诺今后不再当众批评李二，李二也承诺完成作业，不再违反学校纪律。此后，张老师在对李二的教育上改变了原来粗暴批评的方法，更多地表扬李二的进步。从此之后，李二就像变了一个人一般。

张老师在关键时刻能管理好自我，没有一味批评学生，避免了矛盾激化。待双方情绪稳定后，再推心置腹进行交流，并改变了教育方法，让本来有逆反情绪的孩子变成了遵守纪律的好学生。如果张老师在李二回怼自己时大发雷霆，说不定就会毁掉一个孩子的未来。可见，做好自我管理，是在工作中解决问题、取得成功的关键。

1. 自我时间管理

自我管理首先应从时间管理说起，一个不会管理时间的人，注定会做事毫无头绪，一事无成。时间是最公平的，给任何人都是二十四小时。能管理好时间的人，做任何事情都从容自如；而那些不善于管理时间的人，做起事来总是穷于应付、顾此失彼。警察工作繁忙，更应该有效地做好时间管理，成为支配自己时间的主人。

做好自我时间管理，要有时间的价值观念。"时间就是金钱""一寸光阴一寸金，寸金难买寸光阴"，只有意识到时间的价值，才能有珍惜时间的意识。

做好自我时间管理，要制定明确的远期、中期、近期目标。很多警察工作琐碎，还有很多临时性的工作任务，因此，要根据工作性质和个人职业规划，有计划、有目的地制定工作目标和生活目标。制定目标时，要对目标进行分解，可以分为远期、中期和近期目标。制定的目标一定要符合实际情况，而且经过努力可以实现，若是好高骛远，则会打击积极性，有损信心。一旦制定了目标，就要严格按照目标执行，绝不能三天打鱼两天晒网，将制定的目标束之高阁。

2. 自我情绪管理

自我管理更多地体现在对自己情绪的管理上。人有七情六欲——喜、怒、哀、惧、爱、恶、欲，见欲（视觉）、听欲（听觉）、香欲（嗅觉）、味欲（味觉）、触欲（触觉）、意欲，一个人如何管理自己的情绪和欲望，和个人的气质与性格相关，比如多血质的人一般天生脾气暴躁，但通过一定的针对性训练，他们是可以管理好自己情绪的。

第一，学会发泄，让坏情绪到此为止。坏情绪是不可避免的，如果让这些坏情绪长期相伴，不仅会伤身，还会误事。美国生理学家艾尔玛·辛吉斯曾做过一个实验，研究情绪对人体健康的影响。他将玻璃管插在零摄氏度、冰水混合的容器里，收集人们不同情绪状态下呼出来的"气水"。研究发现，心平气和的人呼出来的气凝结成的水清澈透明、无色、无杂质；而生气的人呼出的气凝结成的水则会出现一种紫色的沉淀物。研究者将这种"生气水"注射到小白鼠身上，几分钟后，小白鼠竟然死了。气大伤身，正是这个道理。研究显示，经常生气的人，不仅容貌会变得越来越丑，患癌率还会升高。因此，要管理好情绪，学会发泄，让坏情绪随风而散。可以找自己信任的亲戚或朋友倾诉一番，告诉他你的痛苦和郁闷，求得对方安慰，使坏情绪得到有效的释放；或者通过一场激烈的体育运动，在大汗淋漓中让情绪阴转晴；或者在空旷无人的地方，扯着嗓子高喊几声，发泄一下心中的不平与怨气；或者到类似心理发泄室的地方，发泄一番，让自己压抑的心灵得到舒缓。警察工作压力很大，每天进家门前，先做两次深呼吸，将坏情绪留在门外，以全新的面貌走进家中，为自己的家人带来欢乐和幸福；每天踏进单位大门之前，也做两次深呼吸，让坏情绪到此为止，不要让坏情绪影响工作。

第二，遇事要冷静，三思而后行。冲动是魔鬼，谁也不知道人在冲动之下，会发生什么样的事情，做出什么样的疯狂举动。作为警察，我们遇事要三思而后行，多倾听，少说话；多思考，不急于表态；多观察，不急于行动。控制好自己的情绪，不要被情绪左右。

课堂讨论

你平时是如何进行自我管理的？

（三）自我激励

自我激励是指个体不需要外界的奖惩和督促等激励手段，能自觉地为实现某种目标而努力奋斗的一种心理特征。善于进行自我激励的人能激发自己的斗志和信心，能积极向上，摆脱消极因素，战胜困难，实现既定目标，走向成功。自我激励是个体获得成功的引擎，美国心理学家威廉·詹姆士在其《行为管理学》一书中指出，一个没有受到过激励的员工，能力仅能发挥出 20% ～ 30%；而当他受到有效激励时，可以发挥出 80% ～ 90% 的能力，即一个人受到充分激励后所发挥的能力是受激励前的 3 ～ 4 倍。作为一名警察，我们要有效地利用好自我激励，提高自我效能，完成工作中各项急、难、险任务，实现自我价值，让自己的事业更上一层楼。

案例 1－10

张三是一家冷链公司的职员。有一天晚上，同事们都下班走了，可是张三却意外地被锁进了冷库里。张三吓坏了，他在冷库里拼命地喊叫、拍打，手拍肿了，嗓子喊哑了，也没人听见。最后，他累了，绝望地坐在地板上，内心十分恐惧。因为他知道冷库的温度是 −20℃，而他只穿着一件普通工作服。他感到寒冷一阵阵袭来，体温不断下降，慢慢地透不过气来，他知道自己的生命就要结束了。

第二天早上，当上班的维修工人打开冷库门时，发现张三已经死亡。但是，其实冷库昨天发生了故障，已经不能制冷了。

点评：

张三不是被冻死的，也不是窒息而死的，他是死于绝望和恐惧。因为他知道冷库的温度是 −20℃，而他只穿着一件普通工作服，根本无法抵御这么低的温度。他在心理上对自己判了死刑，丧失了活下去的信心，在绝望和恐惧之中，他感到越来越冷，这正好印证了他对冷库温度的认知，最后在无助中死去。

1. 拒绝躺平，超越自我

部分警察工作几年后，身上的棱角逐渐被磨平，每天忙于琐碎的工作，渐渐产生了职业倦怠，对未来不再抱有奢望，满足于当下拥有的一切，选择躺平。而高情商的人拒绝躺平，他们可能会暂时性卧倒，在战略性调整中不断内省反思，重新审视自我，发现自身存在的问题，找到问题的根源，寻找解决问题的途径；在不断地探索中挖掘自身的潜能，一旦时机成熟，便鼓足干劲，坚定信心，超越自我。

2. 从实际出发，确立目标

人一定要有目标，有了目标便有了方向，有了方向便有了动力，有了动力个体才能为实现目标而不断努力。确立目标时，要避免两种不好的倾向。一种是好高骛远，把目标定得很大，虽然千辛万苦，付出很大代价，但离目标总是有一步之遥。这样很容易打击人的积极性，使人最终选择放弃努力。另一种是井底之蛙，把目标定得过小，毫不费力就能实现既定的目标。这样容易滋生自满情绪，当真正面对困难时，若无法克服，便会失去信心，选择躺平。因此确立目标时，要从实际出发，循序渐进，一步一个脚印，一步一个台阶，分步走，脚踏实地地实现人生理想。

3. 勇于面对失败，绝不放弃

人生从来没有一帆风顺的，在通向成功的路途中，要经得起挫折和失败。高情商的人在实现既定目标的过程中能够做到胜不骄败不馁，摔倒了重新爬起来，成功了再接再厉。成功是前进的动力，而失败乃是成功之母。要在失败中吸取经验教训，在失败中积蓄力量，没有失败，没有挫折，也就没有伟大的事业。“成功的花，人们只惊羡她现时的明艳！然而当初她的芽儿，浸透了奋斗的泪泉，洒遍了牺牲的血雨。”要勇于面对失败，绝不放弃，不经历风雨怎能见到彩虹？

课堂讨论

你是如何进行自我激励的？

（四）认知他人的情绪

认知他人的情绪是指通过有目的地认知他人的外部行为特征，包括对其仪表、风度、言谈、举止等进行观察和分析，以达到对这个人的人品、性格、动机、情绪和意图的认知。即听其言，观其行，进而知其人。我们刚认识一个人时，如果他衣着得体、相貌端正、举止大方、谈吐文雅，无疑会对他有一个好印象，为今后的交往打下良好的基础。但要真正了解一个人，除了观察他的言谈举止外，还要通过他的面部表情、姿势和目光接触等，并结合具体情境和实际情况进行分析，洞悉他的情绪。

案例 1－11

（狄仁杰和李元芳离开刘家庄，到了湖州县城一家客栈吃面。）

李元芳：这次皇上封大人为黜陟使，巡察江南各州县；又将卑职擢升为正四品千牛卫中郎将，依我看一是为了整饬吏治，二是为了酬功。

狄仁杰：酬功？

李元芳：正是。幽州一案大人费尽心力，披肝沥胆，鬓边已平添了许多白发。圣上之所以派大人到江南巡察，就是想让您好好休息休息。

狄仁杰：（笑——）好你个李元芳！啊，圣上的心思让你摸透了五成。

李元芳：（吃惊）五成？那还有五成呢？

狄仁杰：元芳啊！我们临行之前，御史李昭德上书谏事，触犯天颜，被皇上处死。这件事，你知道吧？

李元芳：我听说了，却不知原委。

狄仁杰：近来，朝内大臣纷纷上书，恳请皇帝将大位传于太子，复李唐神器。这个李昭德就是其中之一。

李元芳：（做思考状）

狄仁杰：皇上心内不喜，却又无法言明。因此，就以其他的事为由，将李昭德处死。这也是杀一儆百，以缄众人之口。

李元芳：（如梦方醒）是这样。（转脸又问）可这跟您有什么关系？

狄仁杰：这些上书的大臣，有很多都是我的学生，像张柬之、郝处俊、姚崇、宋璟。皇帝担心，一旦他们找我，要我牵头上书，我会很难处置。因此，皇帝才想出了这个办法。一来是让我来休养，二来也是躲开是非的旋涡。这些大臣冒死上谏，忠心可表，这也还罢了，可他们恰恰忽略了一件事。

李元芳：什么事？

狄仁杰：太子。

注：根据电视剧《神探狄仁杰 I 》第十四集片段改编。

点评：

狄仁杰聪明绝顶，他能结合时事（满朝文武大臣纷纷上书，恳请武则天将大位传于太子，复李唐神器）准确地把握武则天的心理：武则天对自己行将老去的恐惧、对皇权的留恋，使她既不愿将帝位传于太子，又怕自己侄儿武承嗣继承皇位难以服众，否定自己这个姑姑。狄仁杰洞悉了武则天的心理，武则天封他为黜陟使，巡察江南各州县，一是为了整饬吏治，二是为了酬功，三是为了让他躲开朝廷的是非旋涡。

警察在工作中，如果能通过案件的蛛丝马迹，洞悉嫌疑人的行为动机和行为规律，对于案件侦破可以起到关键作用。在生活中，如果我们能把握周围人的心理倾向，对于构建和谐的人际关系也能起到促进作用。

那么，怎么认知他人的情绪呢?

在与他人交往的过程中，要学会察言观色，通过观察对方的语言、行为等，判断对方真实的想法，进而采取相应的行动。现实生活中，人与人在交往时大都戴着面具，将自己伪装起来，不露声色。但人们长期形成的习惯性动作和细节，很容易暴露自己内心真实的想法，这就为观察提供了重要的依据。我们要学会察言观色，在说话或行动前，通过聆听对方的话语，体会其中隐藏的意思，同时通过观察对方神情的细微变化，揣摩对方内心的真实想法。

1. 要体会对方话语中的潜台词

学会察言观色，要体会对方话语中的潜台词。俗话说，听话听音，锣鼓听声。意思是说听人说话，要能听出弦外之音，听明白话里的真正意思，就像听锣鼓一样，要听出节奏和音响。比如《红楼梦》中宝玉挨打后，林黛玉前往怡红院探望贾宝玉，“此时林黛玉虽不是号啕大哭，然越是这等无声之泣，气噎喉堵，更觉得利害。听了宝玉这番话，心中虽然有万句言词，只是不能说出，半日方抽抽噎噎地说道：‘你从此可都改了罢!’”。很多读者读到这里，感觉莫名其妙，不知道林黛玉怎么突然说出这句无来由的话。但作为林黛玉的知音，贾宝玉显然听出了林黛玉话里的意思，“宝玉听说，便长叹一声，道：‘你放心，别说这样话。就便为这些人死了，也是情愿的!’”。其实林黛玉的话有两层意思，她既希望贾宝玉改变原来的为人处世之道，做一个听话的人，这样贾政便不会再打他，又怕贾宝玉改变原来的人生态度，放弃他们共同的人生追求，遵从父母之命、媒妁之言，而放弃与林黛玉的爱情。林黛玉千言万语最终化作了她最关心的一句话——“你从此可都改了罢!”。贾宝玉听了林黛玉的话后，给林黛玉一颗定心丸，对林黛玉说道：“你放心，别说这样话。就便为这些人死了，也是情愿的!”贾宝玉话里的“这些人”当然包括林黛玉，在那样的时代，两个人有很多话不便直接说出来，只能委婉地表达。作为读者，我们要能读懂两人话中隐藏的意思。

2. 通过面部表情读懂他人的情绪

学会察言观色，可通过面部表情读懂他人的情绪。不同的面部表情表达不同的意思，可通过观察一个人的嘴巴、眼睛、鼻子、脸颊、眉毛、目光等，分析这个人的情绪。如眼睛瞪大、嘴巴微张表示恐惧；眼睛发亮、眉眼向下表示兴奋；眉眼向上、嘴巴张大表示惊讶；眉眼向下、嘴巴上翘表示快乐；两颊发红、不敢直视表示害羞；眉头紧锁、牙齿紧咬表示愤怒；目光斜视、嘴巴上翘表示轻蔑。当和别人交流时，不能只顾自己不管别人的感受，要学会看人脸色，判别出对方的情绪，使沟通有效进行下去，避免交流上的障碍。

3. 通过对方行为，揣摩其内心想法

学会察言观色，可通过对方行为，揣摩其内心想法。除了眼睛、嘴巴等五官之外，人的行为也是表情达意的重要载体。如手不自觉地抖动，表明很紧张或者正在想问题；双手抱在胸前，表明事不关己；双手抱着后脑勺，表明很放松；手比作剪刀状，表示胜利；竖起大拇指，表示赞赏；挥舞拳头，表示振奋昂扬。人内心的真实想法会通过无意识的行为流露出来，通过观察并分析对方的行为变化，梳理出内在逻辑，就可以嗅出蛛丝马迹，揣摩出对方内心的真实想法。如有一位老练的反扒警察，擅于在人群中辨别出小偷，他主要是通过认真观察来判断他是不是小偷。小偷要偷别人的东西，就必须观察周围，查看有没有便衣警察，有没有人关注他，有没有行窃的对象。那些双眼四处乱瞥，盯着别人的口袋、背后的背包或者手提包，有意识地往上挤，将身体贴上去，伺机下手的人，大概率就是小偷了。

课堂讨论

你是如何认知他人情绪的？

（五）处理人际关系

处理人际关系的能力是指个体对自身与他人关系的觉察能力与应对能力的综合性能力，它是衡量一个人能否适应现代社会关系的标准之一。在现在复杂的人际交往中，能否妥善处理好与他人的关系，被看作是情商的重要参考。作为一名警务人员，我们要时刻注意自己的言行举止，控制好自己的情绪，培养自己的儒雅风度，提高自己的学识修养，懂得不同场合的礼仪、礼节，妥善地处理各种人际关系。在人际交往活动中，警务人员要灵活处理与上下级、同事、群众的关系，与周围的人“打成一片”，维护自身的形象，从而更好地开展各项工作。

案例 1－12

一语未了，只听后院中有人笑声，说：“我来迟了，不曾迎接远客！”……黛玉连忙起身接见。贾母笑道：“你不认得他。他是我们这里有名的一个泼皮破落户儿，南省俗谓作‘辣子’，你只叫他‘凤辣子’就是了。”黛玉正不知以何称呼，只见众姊妹都忙告诉他道：“这是琏嫂子。”黛玉虽不识，也曾听见母亲说过，大舅贾赦之子贾琏，娶的就是二舅母王氏之内侄女，自幼假充男儿教养的，学名王熙凤。黛玉忙陪笑见礼，以“嫂”呼之。这熙凤携着黛玉的手，上下细细打量了一回，仍送至贾母身边坐下，因笑道：“天下真有这样标致的人物，我今儿才算见了！况且这通身的气派，竟不像老祖宗的外孙女儿，竟是个嫡亲的孙女，怨不得老祖宗天天口头心头一时不忘。只可怜我这妹妹这样命苦，怎么姑妈偏就去世了！”说着，便用帕拭泪。贾母笑道：“我才好了，你倒来招我。你妹妹远路才来，身子又弱，也才劝住了，快再休提前话。”这熙凤听了，忙转悲为喜道：“正是呢！我一见了妹妹，一心都在他身上了，又是喜欢，又是伤心，竟忘记了老祖宗。该打，该打！”又忙携黛玉之手，问：“妹妹几岁了？可也上过学？现吃什么药？在这里不要想家，想要什么吃的、什么玩的，只管告诉我；丫头老婆们不好了，也只管告诉我。”一面又问婆子们：“林姑娘的行李东西可搬进来了？

带了几个人来？你们赶早打扫两间下房，让他们去歇歇。”

资料来源：曹雪芹 . 红楼梦 . 北京：人民文学出版社，2016.

点评：

王熙凤在《红楼梦》中一现身，我们便领略了其风采。王熙凤是一位处理人际关系的高手，她凭借着一张巧嘴和察言观色的能力，深得荣国府老祖宗的欢心。林黛玉初进贾府时，王熙凤一通表演，让在场的所有人心里都很舒服。她先是拉着林黛玉的手，上下细细打量林黛玉一番，然后便夸赞林黛玉的长相，“天下真有这样标致的人物，我今儿才算见了！况且这通身的气派，竟不像老祖宗的外孙女儿，竟是个嫡亲的孙女，怨不得老祖宗天天口头心头一时不忘”。这短短几句话，显示出王熙凤情商之高，她深谙贾母的心理，表面上是夸了林黛玉的美貌，暗地里是迎合了贾母的心，潜台词是只有老太太生的女儿才能生出“这样标致的人物”。同时王熙凤称林黛玉“竟是个嫡亲的孙女”，意思是嫡亲的孙女更标致，既捧了在场的迎春、探春、惜春，又捧了嫁入皇宫的元春，让一边的王夫人也很受用。王熙凤可谓八面玲珑，几句话几乎讨好了所有人。

人际交往的黄金定律认为，“你怎样对待别人，别人也会怎样对待你。友好换来的可能就是友好，微笑换来的可能就是微笑。相反，你对别人不友好、不公平，别人也会还以不友好、不公平”。因此，警务人员要想处理好人际关系，首先要尊重他人，并赢得他人的尊重。

对警务人员来说，需要处理哪些人际关系呢？

1. 服从上级是一种天职

警务人员在管理上实行下级服从上级的垂直领导形式，下级服从上级、维护上级的威信，既是履行工作职责的需要，又是保持政令畅通的需要，也是下级自身素质的表现。尊重上级、服从上级，显示出警察作为一支特殊队伍的凝聚力与战斗力。在实际工作中，由于上级与下级所处的层次、思考问题的角度和出发点、工作方式不同，有些下级在某些具体问题的理解上可能与上级不太一致，但这不能成为下级不尊重上级的借口，下级应换位思考，多替上级着想，协助上级处理好问题，而不应阳奉阴违，做出有损上级形象的事情。另外，下级应该不断加强自身修养，提高自身综合素质，正确看待自身的优点和缺点，只有这样才能与上级共好事、尽好职。

2. 尊重同事是一种本分

从某种程度上说，社交礼仪是人际关系和谐发展的润滑剂。在生活中，人们以礼相待，有助于建立起友好合作、平等互利的新型人际关系，缓和或避免某些不必要的情感对立与交往障碍。从实用角度讲，同事之间以诚相待、和平共处，可以增强团队的凝聚力和向心力，提高工作效率，建立良好的协作关系。珍惜友情，珍惜共事情谊，团结合作，才能有效地完成自己的本职工作。

3. 善待下级是一种美德

善待下级，调动下级工作的积极性，与下级同心同德，才能获得下级的支持和爱戴，才能在工作中保持政令畅通，使每个人都有效地履行自己的职责。“水能载舟，亦能覆舟”，从工作的角度讲，大量的工作都是下级干的，没有下级的刻苦工作，就没有团队的工作业绩。善待下级，尊重下级的工作能力和工作业绩，及时鼓励并表彰下级在工作中取得的成绩，可以使自己赢得口碑，塑造领导者的全新形象，使各项工作平稳运行。而那种个人意志第一、轻视群众和下级的领导，是不可能得到下级的真正尊重的。

4. 为群众服务是一种常识

“全心全意为人民服务”是党的一贯宗旨。“一切为了群众，一切依靠群众，从群众中来，到群众中去”的群众路线是党的生命线和根本工作路线。警务人员来自群众，属于人民的一员，也是人民的公仆，警务人员的权力与待遇都是人民赋予的，因此，警务人员要想群众之所想，急群众之所急，而不应凌驾于人民群众之上。为群众服务是常识，服务人民是天职。一名有素质、有修养的警务人员，应该知恩图报，自觉为人民群众服务，杜绝那种“门难进、脸难看、事难办”的行业陋习。

5. 平等对待所有人是一种教养

教养是一个人的个人修养与人格魅力的外化。作为一名执法者，警务人员理所当然应该具备较高的个人教养。但近几年，部分警务人员自身形象不佳、个人素质不高、服务人民的态度不端正，更有甚者认为自己是特权阶层，凌驾于他人之上，颐指气使，盛气凌人。要想清除这些不良现象，警务人员就要提高自我修养，平等对待所有的人，低调做人、小心做事，这样才能赢得他人的尊重。

那么，警务人员应如何处理好人际关系呢？

1. 建立良好的第一印象

第一印象是指一个人第一次见到陌生人时形成的对他的最初印象，主要是通过对对方的衣着、谈吐、风度等的观察做出的初步评价。第一印象对人际交往具有举足轻重的影响，它在某种程度上决定了人际关系的走向。美国著名人际关系学大师戴尔·卡内基在《如何赢得朋友及影响他人》一书中，对如何给他人留下良好的第一印象提出了六条建议：做一个耐心的听者，鼓励别人多谈他自己；微笑；多提别人的名字；谈符合别人兴趣的话题；以真诚的方式让别人感到他很重要；真诚地对别人感兴趣。这些建议有一定的参考价值，对于处理人际关系具有一定的指导意义。

警务人员在人际交往过程中，一定要注意仪表美。人的仪表，包括相貌、穿着、仪态、风度等，都是影响人际交往的重要因素。人们总是认为仪表有魅力的人更友善合群、更易相处。衣着整洁、大方，很自然地会给人一种亲近感；反之，过分修饰、油头粉面、浓妆艳抹，或者奇装异服、穿着不得体，则会给人一种不相宜的印象。警务人员应通过自己的穿着打扮、言行举止、品位操守体现自己优良的综合素质。

课堂讨论

影响人际交往的因素有哪些？

2. 主动与人打招呼，寻找共同话题

初次与他人见面时，很多人不知道如何沟通，陷入一种无话可说的尴尬局面。情商高的人往往是自来熟，如老朋友一般，主动开口说话，寻找大家共同感兴趣的话题。与人打招呼的问候语一般有“您好！”“很高兴见到您！”“久仰大名！”“今天天气真好！”“打扰片刻，可以谈一谈吗？”“对不起！耽误您几分钟，认识一下吧？”，或者主动自我介绍等。心理学研究发现，有的人不愿主动交往主要有三个方面的原因：一是缺乏自信，担心自己主动却遭到对方拒绝陷入难堪局面；二是不知道如何主动交往，在陌生人面前手足无措；三是存在认知偏见，认为“自己先打招呼会比人低一等”“我又不认识别人，别人干吗跟我说话”等。

打招呼以后，可以选择一些大家都感兴趣的话题继续交流，如工作问题、孩子问题、天气问题等，或者简单评论一番身边发生的事情，以引起对方的注意。如可以谈对方熟悉的领域：“您在哪个领域工作（发财）？”可以谈最近上映的热门电影（电视剧）：“电影 ×××× 看过没有？怎么样？”还可以谈某地的风土人情：“你们那儿有什么好吃的？”人际交往是双向的，只有变单向交往为双向交往，交谈才能继续下去。

课堂讨论

你与陌生人见面是如何打招呼的？

3. 主动自我介绍

自我介绍是人际交往的一把钥匙，也是现代社会让别人迅速了解自己的有效途径。恰当、别具一格的自我介绍，能给对方留下良好、深刻的印象。“巴蜀鬼才”魏明伦如此自报家门：“三尺童子，一介书生；忽智忽愚，且贫且病；屠龙有术，缚鸡无力；或钩或剑，可屈可伸。我比拿破仑个子矮，同鲁迅曹禺相当，反复衡量，没力气玩枪，有条件摸笔，于是操起了文字。”这番自我介绍言简意赅，铿锵有力，别具一格，让人过耳不忘，印象深刻。

边学边练

步骤 1：建立八人小组。

一排八位同学，组成一个小组。

步骤 2：自我介绍接力。

每人用四句话介绍自己，主要包括姓名、籍贯、毕业学校、兴趣爱好四方面内容。

游戏规则：第一个人介绍完后，第二个人立即接上，中间不能停顿，如果谁停顿便犯规认罚，以此类推，直至第八个人介绍完。

问题 1：你能记住多少人的名字、籍贯、毕业学校、兴趣爱好？

问题 2：你对哪些人的自我介绍印象最深刻？为什么？

4. 主动赞美对方

俗话说，“良言一句三冬暖，恶语伤人六月寒”。适时地赞美对方，不仅能让对方获得愉悦感，还可以收获良好的人际关系。赞美要发自内心，要真诚，要具体，要及时，要恰当，绝不能睁着眼说瞎话，否则不仅不能让对方心情舒畅，还会让人心生恶感，使人际交往无法顺利开展。赞美既可以是言语方面的，也可以是非言语方面的，比如用目光鼓励对方、点头赞许对方等。赞美对方时不宜笼统地夸赞，赞美要具体化，可以赞美对方最出众的地方，如“你笑起来真美！”；可以赞美对方最在意的地方，如“你的女儿真聪明！”；可以赞美对方最想让人夸耀的地方，如“你写的文章真好！”；还可以赞美对方最得意的事，如“你做得真棒！”。

5. 主动关心对方

善意的关心，能拉近彼此之间的距离，给对方留下亲切的印象。如果对方正处在需要帮助的时候，尤其是正在经历挫折、失败或遭遇不幸时，哪怕无法提供切实的助力，仅仅是几句关切的问候，也会让人感到温暖。

作为警务人员，当有人遇到困难时，我们应该提供力所能及的帮助，哪怕没有力量解决，也可以替对方出谋划策，尽一份微薄之力。

课堂讨论

你在现实生活中是如何处理人际关系的？

项目任务书

一、分组

将一个班的学生分为若干个团队，每个团队 5 ～ 6 人。具体步骤如下所述：

1. 通过教师指定或学生自荐或选举产生各团队队长，制定一定的团队章程，明确团队成员和队长的职责与任务。

2. 由队长自行联系本班同学，组建自己的团队。各团队成员应男女生合理搭配，同时要充分考虑到团队成员性格倾向、兴趣爱好、语言表达能力、计算机水平、文字表达能力和组织能力等的搭配。

二、分工与安排

1. 队长针对任务进行详细的任务分工和安排，并落实到团队每一个成员，做到团队中每一个成员都清楚团队的任务和自己的职责，然后按照队长的指令开始行动，确保在规定时间内完成任务。

2. 认真阅读项目任务书所有内容，确认自己需要完成哪些任务（哪些是需要由团队共同完成的任务，哪些是需要自己完成的任务）、如何完成、何时完成，做到有计划、有目的。

注意：需要由团队共同完成的任务，一定要做好规划，听从队长安排，团结一致，协同完成，避免争吵和相互推诿。同时，任务要落实到每一个人身上，明确什么时候完成、由谁负责，一定要合理分工，各尽所能，发挥团队中每一个人的才能。

3. 团队组织到位，分工合作，一定要在规定的时间内完成任务，完成任务过程中要做到有序、有效；同时，填好相关表格，清晰地写好相关任务书，资料完整，讲究逻辑。

注意：在完成任务过程中，要有效协作，注意安全，保证团队每一个成员的人身安全和财产安全。

4. 如有不清楚的地方请及时与指导教师沟通。

5. 根据任务清单，填写计划安排表（见表 1－7）。

表 1－7　计划安排表

练习编号	任务内容及说明	时间安排	负责及参与人员	备注说明

三、练习内容

任务1：自我测试

请独立完成以下测试，并对测试结果进行分析。

测试一：气质测试

个体气质类型各不相同，通过本测试量表（见表1－8），可大致判断个体气质类型。本测试量表共有60个问题，回答这些问题时，应第一时间做出判断，选择最接近个体实际情况的那一项。分别计算四类气质总分，如果某类气质得分明显高于其他三种（均高出4分以上），则可确定测试人为该种气质；如果两种气质得分接近（差异低于3分）而又明显高于其他两种（均高出4分以上），可确定测试人为这两种气质的混合型；如果三种气质得分相近且均高于第四种，则可确定测试人为这三种气质的混合型。

表1－8　气质类型测试量表

序号	问题	与你的情况				
		符合	比较符合	不能确定	不太符合	完全不符
1	做事力求稳妥，不做无把握之事。					
2	遇到生气的事就怒不可遏，想把心里话全说出来才痛快。					
3	宁肯一个人干事，不愿很多人在一起干。					
4	到一个新环境很快就能适应。					
5	厌恶那些强烈的刺激，如尖叫、危险镜头等。					
6	和人争吵时，总是先发制人，喜欢挑衅。					
7	喜欢安静的环境。					
8	善于和人交往。					
9	羡慕那种能克制自己感情的人。					
10	生活有规律，很少违反作息制度。					
11	在多数情况下情绪是乐观的。					
12	碰到陌生人觉得很拘束。					
13	遇到令人气愤的事，能很好地自我克制。					
14	做事总是有旺盛的精力。					
15	遇到问题常常举棋不定，优柔寡断。					
16	在人群中从不觉得过分拘束。					
17	情绪高昂时，觉得干什么都有趣，情绪低落时，又觉得什么都没意思。					
18	当注意力集中于某一事物时，别的事很难使我分心。					
19	理解问题总比别人快。					
20	碰到危险情景，常有一种极度恐怖感。					

续表

序号	问 题	与你的情况				
		符合	比较符合	不能确定	不太符合	完全不符
21	对学习、工作和事业抱有很高的热情。					
22	能够长时间做枯燥单调的工作。					
23	对符合自己兴趣的事情，干起来劲头十足，否则就不想干。					
24	一点小事就能引起情绪波动。					
25	讨厌做那些需要耐心细致的工作。					
26	与人交往不卑不亢。					
27	喜欢参加气氛热烈的活动。					
28	爱看感情细腻、描写人物内心活动的文学作品。					
29	工作学习时间长了，会感到厌倦。					
30	不喜欢长时间谈一个问题，而愿意实际动手去做。					
31	宁愿侃侃而谈，不愿窃窃私语。					
32	别人说我总是闷闷不乐。					
33	理解问题比别人慢些。					
34	疲倦时只要短暂休息就能精神抖擞，重新投入学习。					
35	心里有话宁愿自己想，不愿说出来。					
36	认准一个目标就希望尽快实现，不达目的誓不罢休。					
37	与别人学习同样一段时间后，常比别人更疲倦。					
38	做事有些莽撞，常常不考虑后果。					
39	老师讲授新知识时，总希望他讲慢些，多重复几遍。					
40	能够很快地忘记那些不愉快的事情。					
41	做作业或完成一件工作总比别人花的时间多。					
42	喜欢运动量大的体育活动，或各种文艺活动。					
43	不能很快地把注意力从一件事转移到另一件事上去。					
44	接受一个任务后，就希望迅速解决它。					
45	认为墨守成规比冒风险强些。					
46	能够同时注意几件事物。					
47	当我烦闷的时候，别人很难使我高兴起来。					
48	爱看情节起伏跌宕、激动人心的小说。					
49	工作始终认真严谨。					
50	和周围人们的关系总是处理不好。					
51	喜欢复习学过的知识，重复做已掌握的工作。					
52	喜欢做变化大、花样多的工作。					

续表

序号	问题	与你的情况				
		符合	比较符合	不能确定	不太符合	完全不符
53	小时会背的诗歌，我似乎比别人记得清楚。					
54	别人出语伤人，可我并不觉得怎么样。					
55	在体育活动中，常因反应慢而落后。					
56	反应敏捷，头脑机灵。					
57	喜欢做有条理而不甚麻烦的工作。					
58	兴奋的事常使我失眠。					
59	老师讲新概念我常常听不懂，但是弄清后就很难忘记。					
60	假如工作枯燥无味，马上就会情绪低落。					

符合：2 分；比较符合：1 分；不能确定：0 分；不太符合：-1 分；完全不符：-2 分。分别计算四项气质类型的总分，如表 1-9 所示。

表 1-9　汇总表

项目	题目															项目总分	测试结果
胆汁质	2	6	9	14	17	21	27	31	36	38	42	48	50	54	58		
多血质	4	8	11	16	19	23	25	29	34	40	44	46	52	56	60		
黏液质	1	7	10	13	18	22	26	30	33	39	43	45	49	55	57		
抑郁质	3	5	12	15	20	24	28	32	35	37	41	47	51	53	59		

完成上述测试以后，请按照要求将分析结果填写在表 1-10 中。

表 1-10　成果产出表 1

项　目	分　析
你的测试结果是什么？	
你的气质类型有什么特点？	
根据你的气质类型，规划未来职业。	

测试二：EQ 测试

进行 EQ 测试，填写表 1-11。

表 1-11　EQ 测试表

序号	问题	A	B	C
第 1 ～ 9 题：本组测试共 9 题，请每题选择一个和自己最切合的答案，但要尽可能少选中性答案				
1	我有能力克服各种困难。	□是的	□不一定	□不是的
2	如果我能到一个新的环境，我要把生活安排得：	□和从前相仿	□不一定	□和从前不一样
3	一生中，我觉得自己能达到所预想的目标。	□是的	□不一定	□不是的
4	不知为什么，有些人总是回避或不愿理我。	□不是的	□不一定	□是的
5	在大街上，我常常避开我不愿打招呼的人。	□从未如此	□偶尔如此	□经常如此
6	当我集中精力工作时，假使有人在旁边高谈阔论：	□我仍能专心工作	□介于 A、C 之间	□我不能专心工作且感到愤怒
7	我热爱所学的专业和所从事的工作。	□是的	□不一定	□不是的
8	气候的变化不会影响我的情绪。	□是的	□介于 A、C 之间	□不是的
9	不论到什么地方，我都能清楚地辨别方向。	□是的	□不一定	□不是的
第 10 ～ 25 题：本组测试共 16 题，请如实选答				
10	我从不因流言蜚语而生气。	□是的	□介于 A、C 之间	□不是的
11	我善于控制自己的面部表情。	□是的	□不太确定	□不是的
12	在就寝时，我常常：	□极易入睡	□介于 A、C 之间	□不易入睡
13	有人侵扰我时，我：	□不露声色	□介于 A、C 之间	□大声抗议，以泄己愤
14	在和人争辩或工作出现失误后，我常常感到激动、精疲力竭，而不能继续安心工作。	□不是的	□介于 A、C 之间	□是的
15	我常常被一些不重要的小事困扰。	□不是的	□介于 A、C 之间	□是的
16	我宁愿住在僻静的郊区，也不愿住在嘈杂的市区。	□不是的	□不太确定	□是的
17	我被朋友或同事起过绰号、挖苦过。	□从来没有	□偶尔有过	□这是常有的事
18	有一种食物使我吃后呕吐。	□没有	□记不清	□有
19	除了看见的世界外，我的心中没有另外的世界。	□没有	□不太确定	□有
20	我会想到若干年后有什么使自己极为不安的事。	□从来没有想过	□偶尔想到过	□经常想到
21	我常常觉得自己的家人对自己不好，但又确切地知道他们的确对我很好。	□否	□说不清楚	□是
22	每天我一回家就立刻把门关上。	□否	□偶尔是	□是
23	我坐在小房间里把门关上，但我仍觉得心里不安。	□否	□偶尔是	□是

续表

<table>
<tr><th>序号</th><th>问题</th><th colspan="2">A</th><th colspan="2">B</th><th>C</th></tr>
<tr><td>24</td><td>当一件事需要我做出决定时，我常觉得很难。</td><td colspan="2">□否</td><td colspan="2">□偶尔是</td><td>□是</td></tr>
<tr><td>25</td><td>我常常用抛硬币、翻纸牌、抽签之类的游戏来预测凶吉。</td><td colspan="2">□否</td><td colspan="2">□偶尔是</td><td>□是</td></tr>
<tr><td colspan="7">第 26 ～ 29 题：本组测试共 4 题，请按实际情况回答，仅需回答“是”或“否”即可，在你选择的答案旁边打“√”</td></tr>
<tr><td>26</td><td>为了工作我早出晚归，早晨起床时我常常感到疲惫不堪。</td><td colspan="3">□是</td><td colspan="2">□否</td></tr>
<tr><td>27</td><td>在某种心境下，我会因为困惑陷入空想，将工作搁置下来。</td><td colspan="3">□是</td><td colspan="2">□否</td></tr>
<tr><td>28</td><td>我的神经脆弱，稍有刺激就会使我战栗。</td><td colspan="3">□是</td><td colspan="2">□否</td></tr>
<tr><td>29</td><td>睡梦中，我常常被噩梦惊醒。</td><td colspan="3">□是</td><td colspan="2">□否</td></tr>
<tr><td colspan="7">第 30 ～ 33 题：本组测试共 4 题，每题有 5 种答案，请选择与自己最切合的答案，在你选择的答案旁边打“√”。</td></tr>
<tr><td>30</td><td>工作中我愿意挑战艰巨的任务。</td><td>□从不</td><td>□几乎不</td><td>□一半时间是</td><td>□大多数时间是</td><td>□总是</td></tr>
<tr><td>31</td><td>我常发现别人好的意愿。</td><td>□从不</td><td>□几乎不</td><td>□一半时间是</td><td>□大多数时间是</td><td>□总是</td></tr>
<tr><td>32</td><td>我能听取不同的意见，包括对自己的批评。</td><td>□从不</td><td>□几乎不</td><td>□一半时间是</td><td>□大多数时间是</td><td>□总是</td></tr>
<tr><td>33</td><td>我时常勉励自己对未来充满希望。</td><td>□从不</td><td>□几乎不</td><td>□一半时间是</td><td>□大多数时间是</td><td>□总是</td></tr>
</table>

计分方法：

计分时请按照计分标准，先算出各部分得分，最后将几部分得分相加，得到的分值即为你的最终得分。

第 1 ～ 9 题，A 得 6 分，B 得 3 分，C 得 0 分。共计____分。

第 10 ～ 25 题，A 得 5 分，B 得 2 分，C 得 0 分。共计____分。

第 26 ～ 29 题，“是”得 0 分，“否”得 5 分。共计____分。

第 30 ～ 33 题，从左至右分别得 1 分、2 分、3 分、4 分、5 分。共计____分。

总分为____分。

测试结果分析：

本测试共 33 道题，测试时间 25 分钟，最高 EQ 为 174 分。

得分在 90 分以下，说明你的 EQ 较低，你常常不能控制自己，极易被自己的情绪影响。很多时候，你容易动火、发脾气，这是非常危险的信号——你的事业可能会毁于你的急躁。对此，最好的解决办法是认真学习并掌握一些情绪管理的知识和方法。

得分在 90 ～ 129 分，说明你的 EQ 一般，对于一件事，你在不同时候的表现可能不一样，这与你的意识有关，你比前者更具有 EQ 意识，但这种意识不是常常都有的，因此你需要多加注意。

得分在 130 ～ 149 分，说明你的 EQ 较高，你是一个快乐的人，不易恐惧、担忧，对于工作你热情投入、敢于负责，这是你的优点，应该努力保持。

得分在 150 分及以上，说明你是一个 EQ 高手，你的情绪智慧将是你事业有成的一个重要前提条件。

完成上述测试以后，请按照要求将分析结果填写在表 1－12 中。

表 1－12　成果产出表 2

项　目	分　析
你的测试结果是什么？	
测试结果你满意吗？如何使自己做得更好？	
你将如何进行 EQ 管理？	

测试三：情绪测试

进行情绪测试，填写表 1－13。

表 1－13　情绪测试表

序号	问题	选项		
		A（3分）	B（2分）	C（1分）
1	你对与你关系最密切的人是否满意？	不满意	非常满意	基本满意
2	你是否想到若干年后会有什么使自己极为不安的事？	经常想到	从来没有想过	偶尔想到过
3	你上床以后，是否经常再起来一次，看看门窗是否关好、炉子是否封好等？	经常如此	从来没有	偶尔有过
4	你是否被朋友、同事或同学起过绰号、挖苦过？	这是常有的事	从不如此	偶尔如此
5	看到自己最近一次拍摄的照片，你有何想法？	觉得不称心	觉得很好	觉得还可以
6	半夜的时候，你是否经常觉得有什么令你害怕的事？	经常	从来没有	极少有这种情况
7	你是否经常因梦见什么可怕的事而惊醒？	经常	没有	极少
8	除去看见的世界外，你心里有没有另外的世界？	有	没有	不太确定
9	你是否曾经有多次做同一个梦的情况？	有	没有	记不清

续表

序号	问题	选项		
		A（3分）	B（2分）	C（1分）
10	有没有一种食物使你吃后呕吐？	有	没有	记不清
11	你是否时常觉得你不是现在的父母所生？	时常	没有	偶尔有
12	你是否觉得没有人十分了解你？	是	否	说不清
13	你是否常常觉得你的家人对你不好，但是你又确切地知道他们的确对你很好？	是	否	偶尔
14	你是否曾经觉得有一个人爱你或尊重你？	是	否	说不清
15	你在早晨起来的时候最经常的感觉是什么？	忧郁	快乐	说不清
16	每到秋天你经常的感觉是什么？	秋雨霏霏或枯叶遍地	秋高气爽或艳阳天	不清楚
17	你平时是否觉得自己很强健？	是	否	不清楚
18	你在高处的时候，是否觉得站不稳？	否	是	有时是这样
19	你是否一回家就把房门关上？	是	否	不清楚
20	你坐在小房间里把门关上后，是否觉得心里不安？	是	否	偶尔是
21	当一件事需要你做决定时，你是否觉得很难？	是	否	说不清
22	你是否常常用抛硬币、翻纸牌、抽签之类的游戏来测凶吉？	是	否	偶尔
23	你是否常常因为碰到东西而跌倒？	是	否	偶尔
24	你是否曾看到、听到或感觉到别人觉察不到的东西？	经常这样	从不这样	偶尔这样
25	你是否需要一个多小时才能入睡，或醒得比你希望的早一个小时？	经常这样	从不这样	偶尔这样
26	你是否觉得自己有超乎常人的能力？	是	否	不清楚
27	你是否觉得有人注意你的言行？	是	否	不清楚
28	你是否因曾经有人跟着你走而觉得心里不安？	是	否	不清楚
29	你对别人自杀有什么想法？	可以理解	不可思议	不清楚
30	当你一个人走夜路时，是否觉得前面暗藏着危险？	是	否	偶尔

测试结果分析：

得分为 0 ～ 20 分，说明你的情绪极不稳定，患得患失，日常烦恼太多，自己的心情始终处于紧张和矛盾之中。

得分为 21 ～ 40 分，说明你的情绪比较稳定，自信心良好，擅长处理问题，不拘小节，胆大心细。

得分为 41 ～ 60 分，说明你的情绪稳定，自信心强，具有较强的美感、道德感和理智感，能够沉着大胆地处理任何一件事，而且从不畏惧。你有一定的社会活动能力，能理解周围人们的心情，顾全大局。你一定是一个个性爽朗、受人欢迎的人。

完成上述测试以后，请按照要求将分析结果填写在表 1－14 中。

表 1－14　成果产出表 3

项　目	分　析
你的测试结果是什么？	
测试结果你满意吗？如何使自己做得更好？	
你将如何进行情绪管理？	

测试四：你留给人的第一印象

在表 1－15 中选好答案，再对照表 1－16，算出自己的得分。

表 1－15　你留给人的第一印象测试表

序号	问题	选项		
		A	B	C
1	与人初次会面，经过一番交谈，你能对他（她）的举止谈吐、知识能力等方面做出积极、准确的评价吗？	不能	很难说	我想可以
2	你和别人告别时，下次见面的时间和地点是：	对方提出的	谁也没有提这事	我提议的
3	当你第一次见到某个人，你的表情是：	热情诚恳，自然大方	大大咧咧，漫不经心	紧张局促，羞怯不安
4	你是否在寒暄之后，很快就能找到双方共同感兴趣的话题？	是的，对此我很敏锐	我觉得这很难	必须经过较长一段时间才能找到

续表

序号	问题	选项		
		A	B	C
5	你与人谈话时的坐姿通常是：	两膝靠拢	两腿叉开	跷起二郎腿
6	你同他（她）谈话时，眼睛望着何处？	直视对方的眼睛	看着其他的东西或人	盯着自己的纽扣，不停玩弄
7	你选择的交谈话题是：	两人都喜欢的	对方所感兴趣的	自己所热衷的
8	在第一次交谈中，你们分别占用的时间是：	差不多	他多我少	我多于他
9	会面时你说话的音量总是：	很低，以致别人听得较困难	柔和而低沉	声音高亢热情
10	你说话时手势是否丰富？	偶尔做些手势	从不指手画脚	我常用手势补充言语表达
11	你讲话的速度怎么样？	相当快	十分缓慢	节律适中
12	假如别人谈到了你不感兴趣的话题，你将：	打断别人，另起一题	显得沉闷、忍耐	仍然认真听，从中寻找乐趣

表 1－16　分值对照表

题号	1	2	3	4	5	6	7	8	9	10	11	12
答案	A	A	A	A	A	A	A	A	A	A	A	A
分值	1	1	5	5	5	5	3	3	1	4	1	1
答案	B	B	B	B	B	B	B	B	B	B	B	B
分值	3	3	1	1	1	1	5	5	5	5	3	3
答案	C	C	C	C	C	C	C	C	C	C	C	C
分值	5	5	3	3	3	3	1	1	3	1	5	5

测试结果分析：

分数为 0 ～ 22 ：首因效应差。也许你感到吃惊，因为你可能只是依着自己的习惯行事而已。你内心很愿意给别人留下一个美好的印象，但可能因为不经心或不够体贴或言语无趣，而使人对你做出错误的解读。

分数为 23 ～ 46：首因效应一般。你的表现中存在着某些令人愉快的成分，但同时又有不够精彩之处。这使得别人不会对你印象恶劣，却也不会被你吸引。如果你希望提高自己的魅力，必须努力在“交锋”的第一回合展示出最佳形象。

分数为 47 ～ 60：首因效应好。你的适度、温和、合作会给第一次见到你的人留下深刻的印象。无论是你工作中还是私人生活中的接触者，他们都有与你进一步接触的愿望。

完成上述测试以后，请按照要求将分析结果填写在表 1 - 17 中。

表 1 - 17　成果产出表 4

项　目	分　析	
你的测试结果是什么？		
你对这个测试结果满意吗？为什么？		
其他成员对你的第一印象是什么？（找三个同学填写）	第一印象	签名
怎样才能给人留下最好的第一印象？		

任务 2：自我认知与分析

认真开展自我认知，并按照要求将分析结果填写在表 1 - 18、表 1 - 19、表 1 - 20 中。

表 1 - 18　成果产出表——自我意识

	真实的自我	理想的自我	别人眼中的我
身高： 体重： 相貌： 性别： 性格： 能力： 爱好： 专长： 人际关系：			

续表

“理想的自我”与“真实的自我”不相符之处多吗？	
“真实的自我”与“别人眼中的我”有多大差距？	
WAI 技法（WAI Technique）是指“我是谁？”测验（英文“who am I”，简称 WAI），因其形式上是自由书写 20 种回答，故也被称为 20 句测验（Twenty Statements Test）。WAI 技法始于 20 世纪 50 年代（Kuhn & McPartland，1954），是以“我”字开头的 20 行空行，并印有 1～20 序号，要求被测试者针对“我是谁”这样的提问，用 20 种相异的回答说明头脑中浮现的关于自己的想法。	1. 我是（　　　　　　　　） 2. 我是（　　　　　　　　） 3. 我是（　　　　　　　　） 4. 我是（　　　　　　　　） …… 18. 我是（　　　　　　　　） 19. 我是（　　　　　　　　） 20. 我是（　　　　　　　　）

表 1－19　成果产出表——自信与分享

每人制作一张“名片”，在“名片”上写下自己最想让别人叫的昵称。名片能展示自己的特点、能力和个性风采，其中包括姓名、体貌特征、性格、血型、爱好及特长、理想等基本内容，也可以根据自己的特点增加特色项目，以突出自己的独特性。			
你在生活中主要扮演了哪些角色？你认为很重要的是哪些？你认为做得最好的是哪些？			
你是否曾有在公共场合不敢表达个人意见的体验？			
你是否曾在社交活动中为无法认识新朋友而苦恼？		怎样做才更好	
你是否曾为无法拒绝别人的要求而纠结？			

续表

从小到大，你被周围人赞扬过的优点有哪些？被批评过的缺点是什么？你认为自己有弱点吗？弱点是什么？	
向小组成员讲述自己的优点（不要不好意思），小组成员帮助补充优点。	
分享：谈谈重新认识自己之后的感受。	

从我国四大名著中任意选择一部中的四个人物，将其分别作为四种气质类型的典型代表人物，对其特点进行分析，完成表 1－20。

表 1－20　成果产出表——人的气质

人物名字	气质类型	特　点	如何“量才为教”

任务 3：成果汇报

完成任务，指导教师从各组中任意抽取 1～3 名同学进行口头汇报，并评分。

四、成果评价标准与得分

（一）评价标准

本项目包括三个任务，每个任务都有相应的分值，具体评价标准为：

1. 本项目任务占最后总评成绩的 20%。

2. 任务分工表填写符合要求，具有可操作性，记录详细清晰。

3. 自我测试和自我认知与分析部分独立完成，认真记录，按照要求进行分析并且分析得当、正确、有说服力。

4. 在规定的时间内完成。

5. 口头汇报表达清晰、正确、合理、态度认真。

（二）分值分配

填写表 1－21，计算总分。

表 1－21　分值分配表

评分项	满　分	个人评价（30%）	小组评价（30%）	教师调整（40%）	总　评
分工与安排	10				
任务 1 测试一	15				
任务 1 测试二	15				
任务 1 测试三	15				
任务 1 测试四	15				
任务 2	15				
任务 3	15				
合　计	100				

模块二

警察仪表形象

学习目标

知识目标

1. 了解中国警服变迁发展史；
2. 熟知警服及警用标志的穿戴规范；
3. 掌握警察仪容的要求与禁忌；
4. 了解日常妆容的修饰技巧。

能力目标

1. 能规范使用各类警用标志；
2. 能根据场景需要，准确穿戴相应的警服；
3. 能熟练打造干净整洁的警察仪容；
4. 掌握日常化妆的基本要求和基本流程，能够根据自身特点进行相应场合的妆容设计。

素养目标

1. 通过对警服发展历程的学习，增强职业认同感和荣誉感；
2. 通过警察仪容形象的理论学习，强化初心、使命，树立“为人民服务”的意识，主动维护警察职业形象。
3. 通过塑造适宜的警察仪容，树形象、强内涵，传承警察队伍的团队意识、团队精神和团队协作力，践行“对党忠诚、服务人民、执法公正、纪律严明”的人民警察训词精神。

导入案例

警察甲：过来过来，老爷回来了！

（赵二“唉”的一声，迅速地从板凳上跳了起来，来到大门口，立正姿势站立。）

赵二：（威严地指着门外过路的行人，大声吼道）滚远点！听到没有？滚远点！

赵二、警察甲：（敬礼，齐声喊道）敬礼！

（秘书把车门打开，穿着马褂的老爷大摇大摆地从车里走了出来，等老爷走过，两人立马放松下来，垂下手，几乎同时说道“得了”。）

警察甲：赵二，借根烟抽啊！

（正在这时，福海穿着白色的警服从门外走了进来，把两人吓了一跳，以为长官来了，连忙做敬礼状。）

赵二、警察甲：敬礼！

福海：哎哟！嘿！吓了我一大跳，你们这两个。

赵二：你还吓着我了呢。

警察甲：你来凑什么热闹？

赵二：来抽根烟。

（三人凑在一起抽烟。）

赵二：怎么着哥哥，查岗啊？

福海：嘿嘿，不是。兄弟，跟你说点儿事。

赵二：没问题。哥们儿现在比以前抖多了。（扭头对警察甲说）兄弟哎，盯着点儿啊，我跟我哥哥出去一趟。

警察甲：哎，行嘞！

福海：一会儿见啊！

赵二：哎，对了兄弟，你跟那老张说，把那旧报纸给我留着。

警察甲：得得！这破报纸谁没看过。

（福海和赵二来到一家小酒馆。）

赵二：哥哥，你坐这儿吧！

老板：（迎上前道）呦！来了长官，伙计，沏壶高的去。

伙计：好。

赵二：我说，头两天的蜜枣给我来一盘。

老板：长官，上差也能来喝茶呀？

赵二：这不是平常的差事啊！站宅门儿，懂嘛你？

老板：好嘞！

福海：呐！

赵二：坐吧，哥哥坐！

福海：赵二，胖了啊？有个人模样啦！

赵二：是嘛哥哥？就得意人说我这个，这就算夸到我心里去了。坐呀，坐，哥哥。（画外音，伙计喊道，来了来了！）

赵二：哥哥，您说咱们这干巡警的，成天在街上溜达能胖得了吗？

福海：没错，一天也落不下点好嚼谷。就像我吧，没吃什么东西，没得吃啊！还得愣挺着肚子，像刚下肚子三大碗鸡丝面似的。

赵二：所以我爱听这个呀！

福海：胖了。

赵二：对不对？你不用说我发财呀，您只说我胖了，我就高兴。

福海：嘿嘿……怎么样啊？这差事怎么样啊？

赵二：好差事啊！不用跟大街上走来走去。甭多说，一年先省双皮鞋。说这个宅门里的差事啊，好干，轻省，站岗，守夜，完了，没别的事了。事儿少吧，它还没危险。您说宅门里头啊，几房太太打起来了，打起来就打起来吧！用不着咱们劝。您说是不是？它这个什么叫守夜呀？守夜就是说，晚上您兜着宅子，您转两圈儿，完了。保准遇不着贼，墙高狗厉害（画外音，伙计喊道，茶来了！），小贼不敢来，大贼不便于来，是不是？人那大贼啊，都偷那退了职的官去。你要偷着在职的这个，好家伙，那官府逮着你不严办你，您说是不是？

福海：就这些个呀？这算什么好处呀？这个？

赵二：听着呀，好处还多着哪！您要赶上红白喜事，那您就抖到家了。说这红事啊，听戏！您就听去吧！全是名角啊！可着戏园子您听不了这么齐全！说这白事儿，死了人了吧？您听不了戏了吧？甭着急。人家这宅门里死了人，不跟咱们似的，一半天弄个车给推出去啦！不能够您哪！怎么也得停个三四十天！是吧？念几轮经，您就跟着吃去吧！他们家死人咱吃兔崽子！

福海：你这说了归齐，除了傻乐傻吃的机会，他还是没什么好处啊？

赵二：这还不够好啊？哥哥，您还打算怎么着呀？您拿我当咱们二爷呐？我不是他刘方子，咱爬不上去！

注：根据电视剧《我这一辈子》第 11 集片段改编。

案例分析：

赵二们见到官僚点头哈腰，先是让过路的行人“滚远点”，为老爷们鸣锣开道，然后向老爷敬礼、行注目礼；而老爷呢？对赵二们不屑一顾，看都没看赵二们一眼，径直走了。我们从中可以看出，那时候的警察，对待普通老百姓作威作福，吆五喝六，甚至可能鱼肉百姓；而他们对待有钱人、官员，则低眉顺眼，摇尾乞怜，而且他们梦想着成为其中的一员。

“咱爬不上去”“傻乐傻吃”，赵二再三地炫耀自己胖了，为什么“现在比以前抖多了”，主要是因为被派去为官僚们守私宅，“不用跟大街上走来走去”，“一年先省双皮鞋”。所谓的为官僚们守私宅，用现在的话说，就是做了豪宅的保安，或者说是安保人员。堂堂的警察，沦落为官僚们的看门狗，从中可以看到赵二的德行和媚态，见了主子摇尾乞怜，沾沾自喜。他把在人家喜事上可以听戏、白事可以“吃兔崽子”当炫耀的资本。我们可以看出那时候一般警察的人生理想，就是吃喝玩乐。进一步说，一般警察的人生理想就是升官发财。

新中国成立后，警察地位得到提升，收入增加，尤其是现在，已经成了人们羡慕、敬佩的职业。这反映出中国社会风气的变化，如果我们将来有机会成为一名警察，应该努力工作，守卫一方安全。

思考：

警服经历了怎样的发展变迁？规范的警察仪容仪表都有哪些要求和特点？我们应该如何塑造自己的警察形象？又该如何在日常服饰和妆容中体现审美品位和文化特点？

我国警察的历史可追溯到20世纪初期。在甲午中日战争之后，随着维新变法的进行，近代西方警察体制也在我国逐步形成。1902年，清政府就积极地仿照东西方各国逐步组建了现代警察机构，但直至1908年我国才有了统一的警察章程与制服规范。由此至中华人民共和国成立之前，我国警察服装先后经过了多次更换，很多制式警服存在时间都相当短暂，警察制度和警服制式也就很难统一完善。出现这个状况大致有两个方面的因素：首先，当时正值我国社会的转型阶段，各种创新思想兴起，新旧观念共存，近现代军警服饰逐步由“中式旗兵号服”向“西式军警制服”过渡；其次，当时中国正处于由封建社会向近现代社会过渡的转型时期，国家长期经历着内忧外患，政权更迭，各种规章制度不断变革，警服也难以实现全国的统一。所以这一时期的警服制式难以统一，制度体系也不易健全。民国时期的警察制度和警服制式，都是在模仿西方国家警察的基础上建立的，而我国早期警服的设计形式也受到德国、日本等国的影响。以1937—1940年的警服设计为例，当时的警服主要有礼服与常服。礼服颜色以黑色为主，而帽徽、肩章、袖标和绦线的颜色以金色居多，服饰的廓形采取的是翻折领西式紧身双排扣制服的样式。同时，礼服分为警官大礼服和警官礼服。警官礼服的装饰华丽而正式，用颜色艳丽的领章、肩章和袖标的装饰来体现警衔警级。同时，委任官等级以上的警察礼服均配备了金色绶带、腰带和垂穗礼剑。而佩带礼剑源自西欧文艺复兴时代的封建贵族，佩剑的习俗是西欧中世纪贵族骑士精神的体现。相较于警官礼服而言，警官大礼服更注重装饰性。常服的样式要简洁一点，上衣为翻折领单排扣紧身的样式。总的来说，民国时期的警服设计是建立在洋装文化的基础上的，警务体制以及警服制式也是在模仿西方国家，警服设计的着装礼仪体系对现代警服的设计有一定的参考性。由于受到西方文化的影响，这一时期的警服设计并没有形成符合中国警察文化的制服体系与着装礼仪。

大家在公众认知的基础上会形成对警察形象即对警察的总体面貌、特点的基本看法和整体评价。公众印象可以分为三类：真实印象、想象印象和暗含印象。真实印象形成于公众与警察的日常接触中；想象印象要依靠警察的宣传广告；暗含印象产生于警察的某些象征性行为之中，如警衔、警徽等标志。在这三类印象之中，最为重要的是真实印象，它是公众印象的本质体现。其影响因素主要有警察的服饰、仪容仪表、装备等。

警察形象是人民群众通过对警察的着装观察和实际感受形成的。对这种形象的认识，不仅反映出人民群众对警察这一职业的肯定与否，更直接关乎人民群众对警察的信任度与支持程度，这直接关系到警察能否顺利发挥其职业职能。

人民警察队伍是党和政府领导的执法队伍，肩负着打击违法犯罪、维护国家和社会稳定、保卫人民生命财产安全的职能。由于警察的工作同人民群众的利益密切相关，因此人民警察所树立的形象十分关键，它不但会影响警察队伍本身，还影响着人民群众对党和政府的认识。

孔子说："君子不可以不学，见人不可以不饰。不饰无貌，无貌不敬，不敬无礼，无礼不立。"从某种意义上来说，服装也是一种很有讲究的艺术，因为服装所表达的含义与情感，有时是语言所无法替代的。衣着得体的人自然就会给人一种不错的印象，甚至说话办事都能事半功倍。相反，着装不当则会降低一个人的社会身份与信服力，自然办事也就不那么顺利了。从礼仪的角度看，对服装的要求并非单纯地等同于穿衣，着装人应根据职业的规定与要求，以及时间、场所、目的等的不同而挑选最适合自己，同时也可以反映个人身份、阅历涵养、审美趣味、身材特点和仪表的服装。

因此，警察服装及其形象设计，意义重大。每一位人民警察都应该注重个人着装规范、服饰仪容，以提高工作效率，增强交际魅力。

知识充电站

一、警服的沿革

旧时代警察形象恶劣，给人民留下了非常不好的印象。中华人民共和国成立以后，全面废除了旧时代的警察制度，建立起了新时代的人民警察队伍，先后换发了“五〇式”“五五式”“五八式”“六六式”“七二式”等一系列警服。尽管这些警服的颜色差别很大，有土黄色、白色、军绿色、藏蓝色等，但警服的上装，基本都是中山装的款式，并且都使用了翻领和风纪扣。

1978 年，中国步入了改革开放新时代，经济发展迈上新台阶。随着中国社会的不断发展，“七二式”警服愈显落后。因此，1985 年，中国公安机关开始换发“八三式”警服。从这一套警服开始，我国人民警察持续使用了十余年的墨绿色警服。

随着改革开放进程的不断加快，我国逐渐发现西服样式的警服属于主流，尤其是西服加领带的样式。1990 年，中国公安机关开始换发“八九式”警服。“八九式”警服是“八三式”警服的改进版式，从“八九式”警服开始，人民警察的警服分成了开领式和翻领式两种。春秋季的常服，使用了传统西装款式，同时配发领带。而冬服则仍然是传统中山装翻领的样式。在冬季非常寒冷的我国北方各省，中山装款式的警服能够更有效地保暖。

进入 20 世纪 90 年代以后，我国又换发了“九二式”警服和“九五式”警服。这两款警服都沿用了原来墨绿色的颜色基调，重点修改的地方在于臂章、领花等细节处。警服款式的设计，依然是翻领式与开领式并存。2000 年，我国又换发了“九九式”警服。我国目前使用的警服就是“九九式”的改进版。

（一）“五〇式”警服

新中国成立初期，各地公安机关的名称、机构设置与警服样式各不相同，给公安机关的执法工作带来一定的困扰，因此，公安部在 1949 年 11 月组建之初，就建议将全国人民警察的服装统一起来。

1950 年 1 月 12 日，财政部、公安部联合发布《关于人民警察的等级划分、服装、领章、帽徽及其供给待遇标准的规定》，对人民警察的等级待遇和制服标准做出了统一规定。在前期广泛调研和征求意见的基础上，公安部拟订了《公安部及其所属武装警察部队服装式样草案》，并于 2 月 8 日上报政务院。2 月 11 日，政务院总理周恩来批准了这一草案，确立了我国统一的人民警察服装制式，即“五〇式”警服。

“五〇式”警服左衣领按警种缀钉“治”“户”“交”“消”字首加号码，右衣领缀钉“人民警察”字样的领章，并佩戴“中国人民警察”布质胸章。1954 年，取消了领章。

“五〇式”警服分为警察服和干部服。警察服和干部服的不同之处是：男警察服四个上衣兜都没有纽扣，干部服有铜质的印有“公安”字样的纽扣；警察服的长裤为马裤，在两条裤腿开缝处各有七个黑色纽扣，而干部服的长裤则为西裤，外扎黑色腰带；警察服佩戴警种领章，干部服不佩戴领章。女干部服为列宁服；普通女警察服上衣为大翻领，左胸一个小兜，下襟两个斜插兜，前胸两列纽扣，每列 5 个，下衣为西服式样，系带铜扣的布腰带。按照规定，公安部机关、各大行政区、省直属大、中城市公安局的公安工作人员配发干部服，各市及以下地方公安机关和派出所民警配发警察服。“五〇式”警服共分冬夏二季，夏季为米黄色，冬季则为墨绿色。“五〇式”警服夏装样式如图 2－1 所示。

图 2－1 “五〇式”警服夏装样式

（二）“五五式”警服

到了 1956 年，中国警方又经历了一次换装，统一着“五五式”警服。

1953 年，中国警方根据地方警察、人民群众以及国际友人提出的意见，借鉴了其他各国的经验，结合本国国情，设计出了中国人民警察的新型警服、装备和帽徽图案，后经政务院批复施行，这便是“五五式”警服。

1954 年，“五五式”警服开始在中苏之间的列车乘警中试穿，1956 年夏季开始配发至全国警察。

“五五式”警服的夏季服装各警种均为斜纹布面料。上衣为白色（消防等专业警察为草绿色），男警夏装为中山装合领式，两个上衣兜；女警夏装为大翻领（类似开领西服式），左胸及下部两侧各有一插袋，有袋盖。下衣均为藏蓝色（裤子和裙），衣裤部分处镶红色线条，裤、裙两侧红牙线警察宽 7 毫米，警士宽 2 毫米。男警戴白色平顶大檐帽，帽顶边沿镶有宽 2 毫米的正红色牙线，帽墙为深绿色（消防等专业警察为杏黄色）；女警戴白色无檐软帽。执勤交通民警配发白色盔帽和白线手套，1956 年起交警冬季佩戴白色袖套。“五五式”警服夏装样式如图 2－2 所示。

图 2－2 “五五式”警服夏装样式

“五五式”警服冬装上下均采用藏蓝色，最大的特点是大檐帽、衣领、衣袖上均有红色牙线，大檐帽的帽墙为深绿色。“五五式”女警服冬服上衣为列宁服。帽徽为十三号铜质的直径 32 毫米凸圆形状，中心为中华人民共和国国徽图案，红色珐琅旗底，金色五角星，国旗图案外边是金色的齿轮麦穗及光芒。胸章同“五〇式”警服相同，为白底红框“中国人民警察”字样。“五五式”警服冬装样式如图 2－3 所示。

图 2－3 “五五式”警服冬装样式

（三）“五八式”警服

1958 年 11 月 1 日，民警服装施行新的制式，即“五八式”警服。“五八式”警服，既是对“五五式”警服设计的修改和补充，又是对以往警服设计的总结和提高，于 1958 年设计定型，在 1959 年 10 月 1 日后陆续配发更换。

“五八式”警服冬季服装上衣为藏蓝色，行政、外事、交通等警种上衣为白色，武装、经济、消防等警种上衣为草绿色，配花边白色或绿色衣扣；警服裤、裙均为藏蓝色，警服裤、裙两侧的宽、窄红色线条与“五五式”警服相同。男警冬季平檐帽改为藏蓝色，正红色平布帽牙，帽罩为白色、草绿色两种。女警冬季无檐软帽为藏蓝色，帽牙为正红色平布，黑色漆布帽口。交警夏季戴白色盔帽。专业警察船形帽取消，杏黄色帽墙仍保留。同时取消胸章和肩绊，改为佩戴斜长方形红色塑料领章。领章上嵌合铜质金色五角星盾形符号。“五八式”警服样式如图 2－4 所示。

冬装

夏装

图 2－4 “五八式”警服样式

(四)“六六式”警服

1966 年，在军队取消军衔制的背景下，公安部再次对警服进行了修改。

1966 年 3 月，公安部就民警的服装制式问题向国务院写了专题报告，提出新设计的警察服装制式、技术规格和质量均与解放军干部相同。1966 年 7 月 2 日，经国务院批准，更换了新的警服制式，即“六六式”警服。

新警服的上衣为草绿色，下衣为藏蓝色，无红色裤线，取消了原来女警制服中的列宁服和裙子。所有警察的制服款式均和中国人民解放军干部制服一样。帽徽为圆形，中心是国旗，国旗周围雕金色麦穗和齿轮。在所有警种中，只有交通警察在夏季执勤时才能戴白色头盔式帽，身穿白色上衣（1967 年又改为绿色），冬季可以着黑色皮质短风衣。“六六式”警服样式如图 2－5 所示。

图 2－5 “六六式”警服样式

（五）“七二式”警服

“六六式”警服没有突出警察的特点，军警不分，标志不明显，给执行任务带来诸多不便，因此，1972 年 1 月 17 日，国务院批转了公安部《关于改革人民警察服装的通知》，同意换发“七二式”警服。

“七二式”警服的主要变化包括：将公安警察上衣底色从国防绿变为藏蓝色，并和裤子底色一致；恢复“五五式”大檐帽样式，大檐帽为藏蓝色。1974 年 5 月 1 日起，全国公安民警统一恢复夏季穿上白下蓝制服，夏季时男警大檐帽与女警无檐帽均罩上白色蓝牙线帽罩，女警则一律停戴解放帽，改戴无檐帽，增发藏蓝色裙子。“七二式”警服样式如图 2－6 所示。

冬装　　夏装

图 2－6 “七二式”警服样式

（六）“八三式”警服

20 世纪 80 年代，人民警察换上了“八三式”警服。为推动队伍的正规化、现代化建设，适应国家改革开放的需要，1983 年，公安部设计制作了“八三式”警服，经国务院批准，于 1984 年陆续换装。“八三式”警服样式如图 2－7 所示。

图 2－7　“八三式”警服样式

“八三式”警服冬夏装全部为橄榄色，夏装衬衣为米黄色。冬上衣有黄丝带镶边的肩绊，袖口上方有两道黄丝带为警容线，裤子两侧中缝镶红牙线。大檐帽呈马鞍形，帽顶边与帽墙相接处嵌红色牙线，帽墙围使用橄榄绿色丝带，丝带上织两道金黄色注目线。

帽徽为蓝色盾牌，盾牌中上部为国徽，下部为金色长城，盾牌两侧簇拥着金色橄榄枝。领章为斜四边形红色平绒。臂章为蓝底红边盾形，上方为一大四小红色五角星，中部为白色中文“公安”二字和英文“ POLICE”字样，下方图案区分警种，行政警察为黄色长城，铁路、交通、民航、工矿企业、林业公安分别为路徽、铁锚、机翼、齿轮、树木图案。肩绊缀金边蓝色盾牌，肩徽区分警种，蓝色盾牌中间行政民警为红五角星，铁道、交通、民航、林业、武装警察分别为路徽、铁锚、机翼、树木、步枪图案。

“八三式”警服是中国首次用服装面料来划分职位级别，公安部各局副局长以上干部和各省、自治区、直辖市公安厅（局）副厅（局）以上干部冬装为纯毛马裤呢，夏装为纯毛凡立丁。全国各公安机关正、副处级干部与行政十八级和民警五级以上冬装为毛涤混纺马裤呢，夏装为毛涤混纺凡立丁。其他民警服装为棉涤面料。

1984 年 1 月 1 日，“八三式”警服首先开始配发给北京的公安干警。至 1985 年，全国公安干警换装完成。1987 年 5 月 1 日，全国公安机关民警察开始佩戴各警种臂章、警号牌，如图 2－8 所示。

警种肩章（行政警种）

警号牌

图 2－8　警种肩章和警号牌

（七）“八九式”警服

1989年，警服再次调整，“八九式”警服以“八三式”警服为基础，冬装样式、面料与“八三式”相同。“八九式”警服将“八三式”警服悬挂的公安臂章直接缝在衣服上，裤子上取消了红牙线，以黄色帽绳代替大檐帽上的黑色皮带。女警服冬装取消列宁装改为单排扣上衣。如图2-9所示。

图2-9 “八九式”警服样式

“八九式”警服首次使用金属警种领花，夏装开始配发白衬衣和深红色领带。

（八）“九二式”警服

1992年7月，人民警察开始实行警衔制，采用的是海洋系警衔，也就是警监、警督、警司的制度。“九二式”警服常服及其标识在“八九式”警服的基础上进行了微调。佩戴领章式警衔，版面底色与边线依警种而异。如图2-10、图2-11、图2-12所示。

图2-10 “九二式”警服样式

警衔领章（三级警监）

警种肩章（公安行政）

图 2－11　领章、肩章

警号牌

臂章

图 2－12　警号牌、臂章

（九）“九五式”警服

1995 年 7 月 1 日，“九五式”警服正式换发。人民警察开始使用肩章式警衔，同时取消了警种领花和警种肩章。“九五式”警服有个突出的亮点，就是女警后期配发的贝雷帽。如图 2－13 所示。

图 2－13　“九五式”警服样式

（十）“九九式”警服

为了满足新时期新形势新任务的要求，加强警察队伍的正规化、现代化建设，增强警察的荣誉感、责任心与组织纪律性，方便民警履行职权和指挥管理，20 世纪末，民警制服有了新的改变。1999 年 7 月 27 日，公安部警服改革工作领导小组决定，新警服定名为“九九式”警服。虽然现在民警穿的依然是“九九式”警服，但这款警服也进行过几次微调。2005 年以前，民警穿的是铁灰色衬衣，只有交警配发浅蓝色衬衣。2005 年以后，全体民警统一换发浅蓝色衬衣。2013 年又将帽徽等标识里的“JINGCHA”汉语拼音更换为“POLICE”英语字样。高级警官衬衫为白色。高级警官、交巡警领带颜色统一为蓝色，其余警种的领带均为银灰色（后又统一改为蓝色）。佩戴帽徽、领花、警衔、警号、胸徽，大帽徽装订在大檐帽、凉帽、栽绒帽上，小帽徽装订在女呢帽和便帽上。领花为金属领花和电脑绣花两种，金属领花用于常服和执勤服上，电脑绣花用于制式长、短袖衬衫上。

"九九式"警服采用的是量身套裁方式，对每一名民警进行量身，按照个人身材制作，这样就大大提高了警服的合体度。与此同时，根据民警执勤的需要，对不同气候、不同场合、执行不同任务的需要和警用装备的携带与使用等方面做了周密的考虑，将警服分为常服、作训服、执勤服和多功能服。"九九式"警服样式如图 2-14 所示。

春秋装

2005 年前夏装

2005 年后夏装

图 2-14 "九九式"警服样式

虽然警服的样式经历了多次改变，但警察为人民服务的初心从来没有改变过。自新中国成立以来，经过半个多世纪的风雨兼程，我们国家在诸多领域取得了举世瞩目的伟大成就，人民生活有了天翻地覆的变化。警察服装的变化也反映了社会在不断进步，它带有鲜明的时代烙印。可以说，警服就是新中国警察发展的回忆录，它叙述着变迁的时代、发展的社会和不断更新思想观念的人们。人民警察的制服从色彩到样式的巨大变化，是见证新中国高歌猛进迈入新时代的一道风景线。

（十一）警礼服

进入新时代，警礼服正式列装。为进一步促进人民警察队伍革命化、正规化、专业化、职业化建设，充分展示人民警察队伍的良好形象，经党中央、国务院批准，自2021年1月13日起，在现行警服体系中增列警礼服。

警礼服系列品种包括：警礼服、礼服白衬衣、礼服警帽、礼服皮鞋，以及礼服领带、绶带、姓名牌、礼服胸徽、礼服肩章、从警章等配套服饰。

警礼服的款式为礼仪性强的双排六粒扣西装。男女采用了不同的版型，男装设计成突出肩宽的“T”形，女装则是收腰身的“X”形，凸显男性的力量感和女性柔和的特质。

警礼服面料采用精梳毛涤贡呢，质感细腻，挺括性好，颜色为藏蓝色。

警礼服制作采用高级定制工艺，运用新工艺处理肩部、领部、前胸、腰身等，使服装与人体完美贴合，突出立体效果，穿着更加挺括有型、舒适合体，体现了当代人民警察良好的精神风貌。如图 2-15 所示。

图 2-15　警礼服

礼服警帽在“九九式”大檐帽的基础上，抬高大檐帽帽瓦、修正倾角，调暗帽墙装饰，增强帽饰带、帽徽的装饰力度，使之主次分明、美观醒目。

男警佩戴礼服大檐帽，女警佩戴礼服卷檐帽。帽檐花样式为双枝橄榄叶，制作工艺为银线刺绣，如图 2－16 所示。

图 2－16　警礼服——警帽

礼服衬衣与现行白色内穿衬衣相同，采用了当前衬衣制作最先进的工艺技术。领角增加衬布和定型插片，保持领型的挺括，如图 2－17 所示。

图 2－17　警礼服——衬衣

礼服皮鞋采用了先进的技术和美观的设计，保证了礼服皮鞋的质感以及舒适、减震和防滑、耐磨等性能。帮面材料为黑色光面漆皮，符合礼仪场合要求。如图 2－18 所示。

图 2－18　警礼服——皮鞋

在礼服标志服饰方面，全新设计了礼服帽徽、绶带、从警章、姓名牌等多个标志服饰，与警礼服搭配协调，强化了服装美感，体现了警察荣誉。

礼服帽徽在“九九式”帽徽的基础上进行了改进。国徽和“警 POLICE 察”字样采用金色，其他部位为银色。

礼服领花以“九九式”领花为基础加以改进，使领花的外形更加适合警礼服上衣驳头的领型，如图 2 - 19 所示。

图 2 - 19　警礼服——领花

礼服胸徽在“九九式”胸徽的基础上进行了改进，字体仍然沿用“隶书”，颜色采用了金银相间的形式，提升了视觉美感，如图 2 - 20 所示。

图 2 - 20　警礼服——胸徽

考虑到警礼服主要在礼仪场合穿着，佩戴姓名牌便于识别，也符合国际惯例。姓名牌如图 2 - 21 所示。

图 2 - 21　警礼服——姓名牌

从警章分为“人民警察金盾章”“人民警察银盾章”“人民警察蓝盾章”三种，分别对应总警监与副总警监、三级警监及以上、一级警督及以下三个级别。

绶带胸前副绳有两根，绶带坠为刀的造型，凸显了公安机关是党和人民手中的“刀把子”的政治属性。如图 2－22 所示。

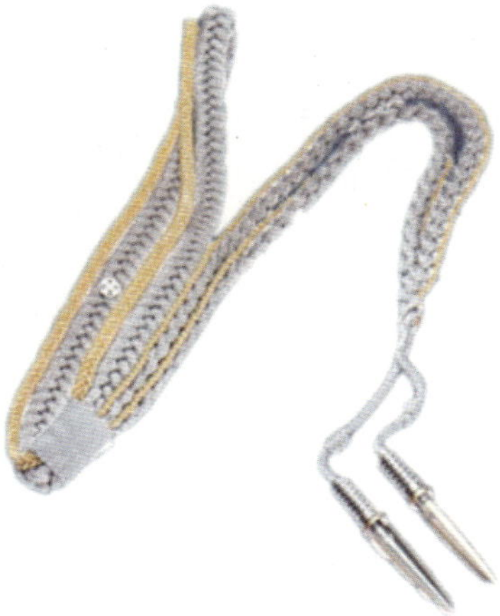

图 2－22　警礼服——绶带

案例 2－1

1. 一天，民警在辖区内一家网吧查处一桩手机盗窃案的时候，感觉有些不对劲。民警说：“我在办理一起手机丢失案件时，看到网吧一位顾客穿了一件警服上衣，并佩戴一级警督警衔、警号等警用标志，但是他的衣冠很不整齐，不仅警便混穿，连警号、胸徽的位置也是颠倒的，警衔更是不符合规定。”

这位民警一下就注意到了这名男子的穿着，随即对其进行了询问：“你有警官证吗？你的警服是哪来的？”面对民警的询问，该男子惊慌失措，当即承认警服和警用标志是从网上购买的。随后，该男子被民警带回派出所进行调查。

据该男子称，他姓蔡，今年 20 岁，在一家娱乐场所工作，一直很喜欢警察的制服。出于好奇，他在网上花了 400 多元买了一套警服和警用标志。这天，他穿着买的警服去网吧上网，谁知被真警察逮了个正着。

2. 李某某是某省一所女子监狱的民警。一天，李某某身穿警服常服的上衣下班回家，在路口一家修车摊修理自己的电瓶车。其间，她和摊主张某夫妇因为修车的先后顺序发生了争执。李某某当即给丈夫陈某打电话，叫他过去。陈某到达修车摊后出手打伤了张某夫妇，引来很多行人围观，致使交通阻塞，造成了治安案件。根据相关规定，公安机关对李某某及其丈夫陈某给予行政处分，拘留 15 天。

身为一名人民警察，李某某身着警服（警便混穿），却因为一件小事和别人产生争执并最终引发一起治安案件，造成了非常恶劣的社会影响。该省司法厅和监狱局也向该省的司法行政系统通告了这个案件，用这个反面教材教育广大人民警察要严守法纪法规和社会公德。

点评：

根据《中华人民共和国人民警察法》（以下简称《人民警察法》）第三十六条的规定，人民警察的警用标志、制式服装和警械，由国务院公安部门统一监制，会同其他有关国家机关管理，其他个人和组织不得非法制造、贩卖。人民警察的警用标志、制式服装、警械、证件为人民警察专用，其他个人和组织不得持有和使用。违反前两款规定的，没收非法制造、贩卖、持有、使用的人民警察警用标志、制式服装、警械、证件，由公安机关处十五日以下拘留或者警告，可以并处违法所得五倍以下的罚款；构成犯罪的，依法追究刑事责任。

罗伯特·比尔在建立警察制度时提出了“金科玉律 12 条”，认为警察应该具备 12 种形象，其中包括“警察必须有严整的警容，以获得公众好感”。《人民警察法》规定：人民警察必须按照规定着装，佩戴人民警察标志或者持有人民警察证件，保持警容严整，举止端庄。但在日常生活中我们还是会发现一些人民警察着装不规范、举止不端庄、态度不礼貌、行为不检点等警容不整的现象。

警服，是人民警察专用的制式服装，是一种特殊的工作服，所以警察下班以后就不应该穿着警服。在非工作时间穿警服，如果穿着者存在一些不当言行，会有损警服这种特殊服装所代表的庄严。要严格规范干警纪律管理，加强政治法律监督，严肃查处各种违章行为，着力建设一支对党忠诚、服务人民、执法公正、纪律严明的现代政法队伍。

二、警衔

（一）旧时警衔制度

现代人民警察的警服、警衔和基本制度来自 19 世纪初期的英国，那时是中国的嘉庆年间。那个时期，中国并没有警察建制，而只是衙役和官差。直到 1840 年鸦片战争之后，清政府在西方列强的武力威胁下，被迫打开了中国的大门，在中国的土地上，西方列强建立起一个个租界，并将它们的警察制度带到自己的所到之处，以便更好地管理这些地区。

在清政府统治的最后一段时间，警察制度开始在武汉、天津等地出现。这个时期的警察制度十分复杂，包括了警官、巡官、巡长和巡警等不同的类型。其中，警官又有上、中、次三个等次，共九品。其实，这个时期的警衔制度是以清朝的官制为基础的。

清朝覆灭之后，我国进入了一个军阀混战的时期，警察体系也在北洋军阀政权的主导下得到了进一步完善。在清政府覆灭后的最初几年，警察的管理层级被分成了总监、督察长、处长、队长、警长、署长、署佐、分队长、巡官、巡长、巡警等。这个时期警衔等级特别繁杂。到了 20 世纪 20 年代，北洋军阀政权引入了新的警衔等级制度，包括警官、警佐、巡官、巡长和巡警几个等级。这几个等级，又向下细分为不同的等级，如警官一级又分为了四个等级。

北洋军阀政权倒台后，后来的政府又引入了新的警衔制度。新制度下的警衔十分繁缛，各个等级之间很难区分。这是因为当时的政权管理者在设计警衔时融入了当时的文官制度，分为特任、简任、荐任和委任 4 个等次，但后来并未设特任。如图 2－23 所示为 1928 年的警官和警士警衔。除此之外，保留了巡官、巡长和巡警这几种基础的警衔。这个时期警衔的复杂程度可见一斑，普通人几乎无法通过警衔来辨别警察的级别。20 世纪 30 年代到 40 年代期间，警服经过多次更换，警衔等级制度的变化却不大。

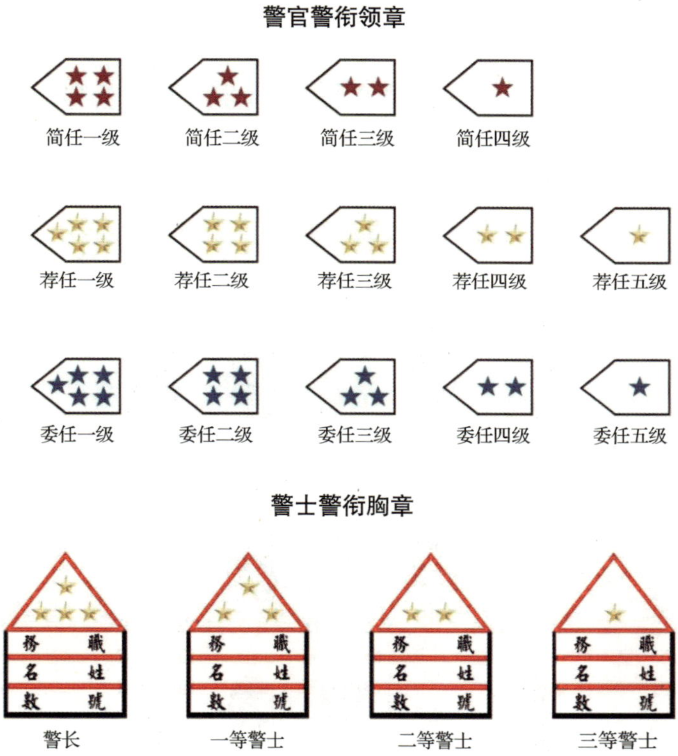

图 2－23　1928 年的警官和警士警衔

旧时代的警衔制度等级比较复杂，并且没有用科学的方法对警衔进行设计，导致警衔在使用和辨识的过程中出现了很多问题。

（二）现代警衔制度

警衔是划分人民警察级别、证明警察身份的称号与标志，是国家赋予人民警察的荣誉。警察实行警衔制度，是我国警察管理体制改革的主要措施。

新中国成立之初，我国就准备在人民警察队伍中采用警衔制度。1949 年 12 月 12 日，公安部、财政部发文，在公安部门推行二等六级警衔制度。但是，因为当时正值公安部队组建之初，还不具备相应的条件，这个计划就被搁置了。1956 年，公安部制定了《人民警察条例》和《人民警察警衔条例》，经国务院全体会议同意后，递交给全国人大常委会审议，但因为意见上出现了分歧，该项议案被撤回。1983 年 11 月，公安部向党中央和国务院提交了在全国人民警官中推行警衔制的情况汇报，1984 年 2 月，公安部在中共中央书记处大会上做了报告。但考虑到当时我国军队也没能完全推行军衔制，于是决定把警衔制的实施时间推后，至军衔制推行后再实施。1988 年 6 月 27 日和 9 月 24 日，公安部向中央领导进行了报告，他们基本上赞成推行人民警察警衔制，要求公安部和人事部共同制定具体的实施方案，并报请国务院审批。这时，在全国人民警察中全面推行警衔制已成定论。1992 年 7 月 1 日，第七届全国人大常委会第 26 次会议批准了《中华人民共和国人民警察警衔条例》，并予公布，自公布之日起施行。

（三）警衔标志

警衔标志式样如图 2－24 所示。

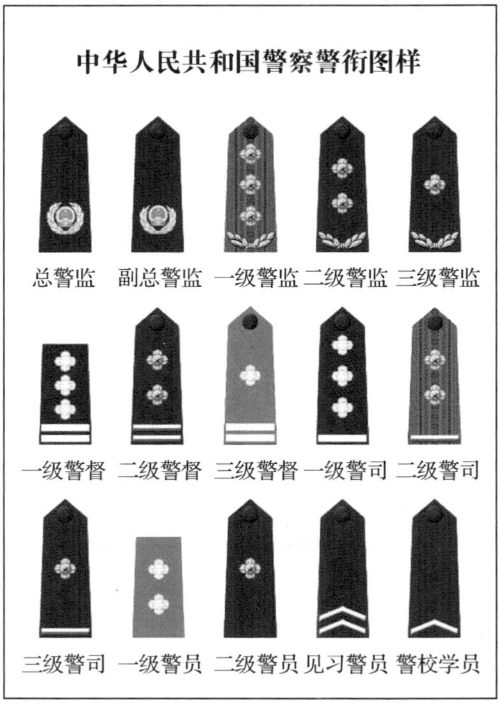

图 2－24　警衔标志式样

总警监、副总警监警衔标志由银色橄榄枝环绕银色国徽组成。其中，总警监警衔标志缀钉一枚橄榄枝环绕一周的国徽，副总警监警衔标志缀钉一枚橄榄枝环绕半周的国徽。

警监警衔标志由一枚银色橄榄枝和银色四角星花组成。其中，一级警监警衔标志缀钉三枚四角星花；二级警监警衔标志缀钉二枚四角星花；三级警监警衔标志缀钉一枚四角星花。

警督、警司警衔标志由银色横杠和银色四角星花组成。其中，警督警衔标志缀钉二道横杠，一级警督警衔标志缀钉三枚四角星花，二级警督警衔标志缀钉二枚四角星花，三级警督警衔标志缀钉一枚四角星花。警司警衔标志缀钉一道横杠，一级警司警衔标志缀钉三枚四角星花，二级警司警衔标志缀钉二枚四角星花，三级警司警衔标志缀钉一枚四角星花。

警员警衔标志由银色四角星花组成。其中，一级警员警衔标志缀钉二枚四角星花；二级警员警衔标志缀钉一枚四角星花。

根据《人民警察警衔标志式样和佩带办法》第四条的规定，警衔标志佩戴在肩章上，肩章为剑形，分为硬肩章和软肩章。担任行政职务的人民警察的肩章版面为藏蓝色，担任专业技术职务的人民警察的肩章版面为蓝灰色。人民警察着常服、执勤服时，佩戴硬肩章；着作训服、制式衬衣时，佩戴扣式软肩章；着多功能服时，佩戴套式软肩章。

（四）警衔的评定

根据《中华人民共和国人民警察警衔条例》以及人民警察“是武装性质的国家治安行政力量”的规定，实行警衔制度的警察应为目前在编在职的人员，除此之外，不属于人民警察性质的单位和完全不履行人民警察职务的人员，如公安部门和其他机关中的后勤服务人员、所属企事业单位的工作人员等，均不实行警衔制度。

根据《评定授予人民警察警衔实施办法》的规定，评定授予警衔的人员为：各级公安部门（包括公安部门设在铁道、交通、民航、林业部门的公安机构）、国家安全部门和劳动改造劳动教养管理部门中，从事指挥决策、监督保障和业务工作的人民警察；各级人民法院、人民检察院的司法警察；警察专业技术单位、院校、报社、医院中担任人民警察职务的人员。

不评定授予警衔的人员为：已批准离休、退休或在 1992 年 6 月 30 日前已到离休、退休年龄的人民警察；不服从组织分配、拒不到职的人民警察；已决定调离人民警察工作岗位的人员；企业单位的人员；事业单位中不担任人民警察职务的人员；群众性学术团体的人员；合同制民警；所有工勤人员；其他不担任人民警察职务的人员。

评定授予警衔，应以人民警察的现任职务、德才表现、担任现职时间和工作年限为依据，通盘考虑，全面衡量。“德才表现”，是指人民警察政治品质、思想觉悟、遵纪守法、联系群众、实事求是、公道正派、廉洁奉公、英勇献身等表现和知识化、专业化程度，实际工作能力，执法水平。“现任职务”，是指按干部管理权限由主管部门正式任命的职务，不是指临时委派或暂时指定代理的职务。“担任现职时间”，是指现任职务从某主管部门正式下达任命通知之日起计算的任职的时间。连续担任同一等级职务的时间可以合并计算。“工作年限”，是指按国家有关规定计算的正式参加工作时间的总和。工作满十二个月为工作年限一年。

《中华人民共和国人民警察警衔条例》第七条规定：“人民警察警衔设下列五等十三级：（一）总警监、副总警监；（二）警监：一级、二级、三级；（三）警督：一级、二级、三级；（四）警司：一级、二级、三级；（五）警员：一级、二级。担任专业技术职务的人民警察的警衔，在警衔前冠以‘专业技术’。”

第八条规定：“担任行政职务的人民警察实行下列职务等级编制警衔：（一）部级正职：总警监；（二）部级副职：副总警监；（三）厅（局）级正职：一级警监至二级警监；（四）厅（局）级副职：二级警监至三级警监；（五）处（局）级正职：三级警监至二级警督；（六）处（局）级副职：一级警督至三级警督；（七）科（局）级正职：一级警督至一级警司；（八）科（局）级副职：二级警督至二级警司；（九）科员（警长）职：三级警督至三级警司；（十）办事员（警员）职：一级警司至二级警员。”

第九条规定：“担任专业技术职务的人民警察实行下列职务等级编制警衔：（一）高级专业技术职务：一级警监至二级警督；（二）中级专业技术职务：一级警督至二级警司；（三）初级专业技术职务：三级警督至一级警员。”

（五）警衔的晋升

根据《人民警察警衔工作管理办法》，警衔晋升可分为按期晋升、提前晋升、选升、晋职晋升、延期晋升。

1. 按期晋升

二级警督以下的人民警察，现衔级时间已满晋级期限，经考核具备晋级条件的，可在其职务等级编制警衔幅度内晋升一级警衔。

2. 提前晋升

二级警员至一级警司的人民警察现衔级满一年和一级警司至一级警督的人民警察现衔级满二年，有下列情况之一的，可在其职务等级警衔幅度内提前一年或二年晋升一级警衔：（1）现衔级期间获得一级、二级英雄模范称号和一等功奖励或国家、省级劳动模范称号者；（2）现衔级期间获三等以上国家自然科学奖、科技进步奖、发明奖的个人或课题的一名主要贡献者；（3）现衔级期间获得国家和省级政府特殊津贴奖励者；（4）其他功绩突出者。

3. 选升

一级警督以上的人民警察，现衔级未达到其职务等级编制警衔的最高警衔，任现职满二年、现衔级满四年，经考核德才表现和工作实绩优秀的，可选升一级警衔。

4. 晋职晋升

（1）人民警察由于职务提升，其警衔低于新任职务等级编制警衔的最低警衔的，应当晋升至新任职务等级编制警衔的最低警衔。

（2）二级警督以下的人民警察，在职务提升前，其警衔已达到或者超过新任职务等级编制警衔的最低警衔，但现衔级时间已满晋级期限的，应在晋升职务的同时晋升一级警衔。

5. 延期晋升

二级警督以下的人民警察，受行政警告处分或者党内警告处分的，延期6个月晋升；受行政记过、记大过处分或者党内严重警告处分的，延期 12 个月晋升；受行政降级处分的，延期 18 个月晋升；受留党察看处分的，延期 24 个月晋升；不胜任本职工作、纪律松弛并造成不良后果的，可延期 3 至 6 个月晋升。

为了提高人民警察的政治和业务素质，增强人民警察的责任心、荣誉感和组织纪律性，提高指挥和管理能力，更好地履行人民警察的职责，实行警衔晋升培训制度。人民警察警司晋升警督，警督晋升警监，需经相应的人民警察院校培训，考试合格后，方可晋升。

三、警服着装要求

案例 2－2

警服没扣好、毛衣从警服里面露出了一截、身上警服脚上却穿着篮球鞋、女民警在穿着警服的时候披着过肩的头发、警务站的卫生环境又脏又乱……自 2014 年 10 月开始，武汉市公安局就开始严格查处整改警察的穿着标准和内务，并不断推动民警作风建设。截至 2015 年 3 月，武汉曝光了存在着装不标准或内务不整洁等情形的 120 多名民警、40 多个基层所队。

因为存在着装不标准、单位内部环境不整洁的情形，有两个基层派出所在武汉市公安局讨论确定全市优秀公安基层单位之时，被取消了评选“先进单位”的资格。

武汉市公安局专门出台了《关于队伍管理六个突出问题的问责办法（试行）》，确定了对于队伍管理工作中存在的各种问题如何加以查处，并设置了“警容风纪曝光台”等栏目。截至 2015 年 3 月 10 日，武汉公安“警容风纪曝光台”推出了九期，共计曝光了 120 多名存在违规违纪现象的警察，范围涵盖了四十多个基层单位及所队。

武汉市公安局政治部负责人也做了进一步的说明，对所有违规违纪的民警，不但要曝光事实，还将对他们做出诫勉谈话等不同程度的处分，同时对各自所在单位的教导员也予以通报批评，并撤销违规违纪单位当年考核评优选先的资格。

点评：

群众对民警最直观的感知和理解来自民警的服饰。一旦民警穿着不当，民众就会质疑警察队伍的整体战斗力，严重者可能会造成信任危机。“脏乱差”的内部环境会导致部队纪律作风的“稀拉松”，最终导致民警以“冷横硬”的心态来面对民众。

课堂讨论

警服都有哪些种类？不同种类的警服又有哪些具体的着装要求与规范呢？我们应当如何规范着装？

（一）警服种类与着装规范

1. 执勤服

着春秋执勤服时，佩戴扣式软质肩章和软质警号、胸徽，内着制式圆领T恤衫。男性公安民警戴大檐帽或者警便帽，女性公安民警戴翻檐帽或者警便帽。如图2－25所示。

图2－25　普警春秋执勤服

着装规范：（1）穿春秋执勤服；（2）穿春秋执勤服裤子；（3）内穿制式圆领T恤衫；（4）戴大檐帽或警便帽（均为藏蓝色）；（5）佩戴扣式软警衔；（6）佩戴丝织胸徽、警号；（7）穿警用男（女）单皮鞋。

着冬执勤服时，佩戴扣式软质肩章和软质警号、胸徽，内着制式圆领毛衣、毛裤。男性公安民警戴大檐帽、栽绒帽或者警便帽，女性公安民警戴女呢翻檐帽、栽绒帽或者警便帽。如图2－26所示。

图2－26　普警冬执勤服

着装规范：（1）穿冬执勤服；（2）穿冬执勤服裤子；（3）内穿制式圆领毛衣、毛裤；（4）男戴大檐帽、栽绒帽或警便帽（均为藏蓝色），女戴女呢翻檐帽、栽绒帽或警便帽（均为藏蓝色）；（5）佩戴扣式软警衔；（6）佩戴丝织胸徽、警号；（7）穿警用男（女）单皮鞋。

着夏执勤服时，佩戴扣式软质肩章和软质警号、胸徽。男性公安民警戴大檐帽、大檐凉帽或警便帽，女性公安民警戴布翻檐帽、女凉帽或警便帽。如图 2－27 所示。

图 2－27　普警夏执勤服

着装规范：（1）穿浅蓝色夏执勤服；（2）男穿警察单裤，女穿警察单裤或裙子；（3）男戴大檐帽、大檐凉帽或警便帽（均为藏蓝色），女戴布翻檐帽、女凉帽或警便帽（均为藏蓝色）；（4）佩戴扣式软警衔；（5）佩戴丝织胸徽、警号；（6）穿警用男（女）单皮鞋。

2. 常服

着常服时，佩戴硬质肩章、警号、胸徽；内着内穿式制式衬衣，系制式领带。男性公安民警戴大檐帽或大檐凉帽，女性公安民警戴翻檐帽。如图 2－28 所示。

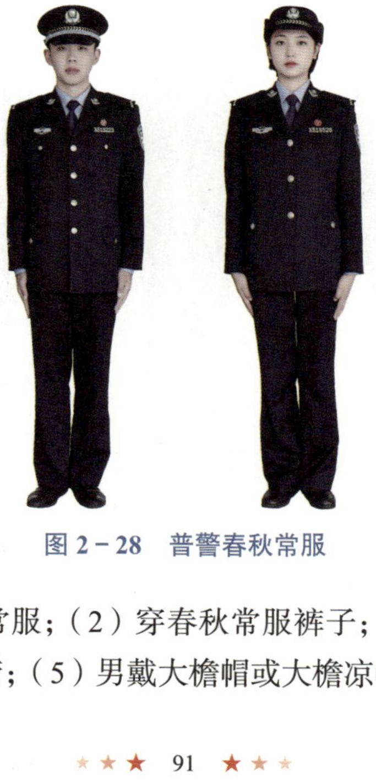

图 2－28　普警春秋常服

着装规范：（1）穿春秋常服；（2）穿春秋常服裤子；（3）内穿浅蓝色长袖制式衬衣；（4）扎系深蓝色公安领带；（5）男戴大檐帽或大檐凉帽（均为藏蓝色），女戴女呢、布翻檐帽（均为藏蓝色）；（6）佩戴扣式硬警衔；（7）佩戴金属胸徽、警号；（8）穿警用男（女）单皮鞋。

3. 作训服

着作训服时，佩戴套式软质肩章，戴警便帽，内着制式圆领T恤衫或者制式圆领毛衣。如图2－29所示。

图2－29　普警作训服

着装规范：（1）穿作训服；（2）穿作训服裤子；（3）内穿制式圆领T恤衫或制式圆领毛衣；（4）戴警便帽；（5）佩戴套式警衔；（6）穿警用作训鞋。

4. 多功能服

着多功能服时，佩戴套式软质肩章和硬质警号、胸徽，内着冬执勤服或者冬常服。男性民警戴大檐帽或者栽绒帽，女性民警戴翻檐帽或者栽绒帽。如图2－30所示。

图2－30　普警多功能服

着装规范：（1）穿多功能服；（2）穿多功能服裤子；（3）男戴大檐帽或栽绒帽（均为藏蓝色），女戴翻檐帽或栽绒帽（均为藏蓝色）；（4）佩戴套式警衔；（5）佩戴金属胸徽、警号；（6）穿警用单皮鞋。

5. 外穿式制式衬衣

外着外穿式制式衬衣时，佩戴扣式软质肩章和软质警号、胸徽，系制式领带；衬衣下摆系于裤腰内，系制式腰带。男性公安民警戴大檐帽，女性公安民警戴翻檐帽。

男警着装规范：（1）穿浅蓝色长袖制式衬衣；（2）穿警察单裤；（3）戴大檐帽或大檐凉帽（均为藏蓝色）；（4）扎系深蓝色公安领带；（5）佩戴扣式软警衔；（6）佩戴金属（或丝织）胸徽、警号；（7）穿警用男单皮鞋。如图 2－31 所示。

图 2－31　普警长袖制式衬衣（男）

女警着装规范：（1）穿浅蓝色长袖制式衬衣；（2）穿警察单裤或裙子；（3）戴女布翻檐帽或女凉帽（均为藏蓝色）；（4）扎系深蓝色公安领带；（5）佩戴扣式软警衔；（6）佩戴金属（或丝织）胸徽、警号；（7）穿警用女单皮鞋。如图 2－32 所示。

图 2－32　普警长袖制式衬衣（女）

（二）警用标志与佩戴要求

着警服时应严格按规定佩戴帽徽、领花、警衔、警号、胸徽等警用标志。领花尖角朝前；警衔别针锁紧；警号佩戴于外衣左胸处，胸徽佩戴于外衣右胸处；臂章佩戴于外衣左臂处，做到不偏不移。不同制式警用标志不得混戴，不得佩戴其他与人民警察身份或者执行公务无关的标志，如不得系扎围巾、系挂钥匙，不得佩戴耳环、项链等。

（三）警帽使用规范

警帽是人民警察专有标志之一，在日常生活中，除在办公区、宿舍内不需要戴警帽外，其他场合均应戴警帽。戴大檐帽、翻檐帽、警便帽时，应将警徽端正地置于前方，帽檐前缘应当与眉齐高。大檐帽饰带应当并拢，并保持水平。戴冬帽时，护脑下缘应当距眉一至三指。进入室内时，通常脱帽；立姿时可以将警帽用左手托夹于左腋下；坐姿时可将警帽置于桌（台）前沿左侧或者用左手托放于左侧膝上（帽顶向上，帽徽朝前）。在办公室和宿舍内室，警帽可挂在帽架上（帽顶向上，帽徽朝下），或统一放在床铺被褥正上方。普警和交警警帽如图 2－33 所示。

大檐帽（普警）

大檐帽（交警）

大檐凉帽（普警）

大檐凉帽（交警）

女呢翻檐帽（普警）

女呢翻檐帽（交警）

女布翻檐帽（普警）

女布翻檐帽（交警）

图 2－33　普警和交警警帽

（四）警裙的穿着要求

警裙装，是女性警务人员夏季穿着的制式服装。着制式警裙时，要按规定着装，其要求如下：

（1）上衣掖在裙子内，拉好裙装侧链，腰带扣系好并正对前方；保持警裙的平整，不要有褶皱，以免影响裙型。

（2）丝袜的选择。着警裙时应穿着丝袜，丝袜的选择应符合警务人员的穿着要求，颜色不宜过于耀眼，可选用肉色长筒袜。

（3）袜口不能露在裙摆外，避免出现“三截腿”。所谓“三截腿”，就是裙子一截、袜子一截、鞋子一截。

（五）其他要求

作为人民警察，我们在警务活动中要严格按照规定着装。严禁出现以下着装行为：警便混穿，警容不整；警用标志佩戴不齐；衬衣下摆不系入裤（裙）内，内衣外露；不系衣扣，敞胸露怀；警帽歪戴，鞋袜艳丽；警服破损，衣扣残缺；随意拆改、转借他人。着警服时，不得挽袖、卷裤腿、披衣敞怀，不得背手、袖手、插兜、搭肩、挽背、揽腰等。女性民警发辫不得过肩，不得系扎围巾、佩戴首饰，不得染指甲、留长指甲、化浓妆。男性民警不得留长发、大鬓角、卷发（自然卷除外），不得剃光头或蓄胡须，不得赤脚穿鞋或者赤足。男性民警鞋跟不得高于 3 厘米，女性民警鞋跟不得高于 4 厘米。人民警察着警服时，非因工作需要，不得进入营业性娱乐场所；不得在禁止吸烟的公共场所吸烟；除参加重大礼仪性活动需要外，不得在公共场所饮酒，在任何情况下严禁酗酒。同时，严格按照要求，注意着装配枪安全。

良好的形象依赖于制度的规定与约束。唯有规范民警的服装、举止和装备，才能真正提升民警队伍的工作效率，打造“文明之师、威武之师”，从根本上改善民警与民众之间的关系，达到警民携手、共建共治的目的。要始终坚持学习贯彻执行“五条禁令”、《公安机关人民警察内务条令》等有关规章制度，进一步强化警容风纪形象建设，提升队伍形象。警容风纪展现了人民警察外在的形象和素质，展示了人民警察的风采。人民警察应以规范的言行举止、严整的警容来展示自己的优良作风，通过文明办事、令行禁止，使人民警察的威严在言行举止之中得到彰显，将人民警察队伍铸造成为党和人民信得过、能打胜仗的新时代人民卫士。

知识拓展

《监狱劳动教养人民警察着装管理规定》

《公安机关人民警察内务条令》“警容风纪”

（六）警服选择

“九九式”警服包括春秋常服、冬常服、夹克服、单裤、衬衣等品种。根据警察群体体形特征，分为 A、B、C 三种形体（A 体表示胸围与腰围的差数为：男 12 ～ 16 厘米，女 14 ～ 18 厘米；B 体表示胸围与腰围的差数为：男 7 ～ 11 厘米，女 9 ～ 13 厘米；C 体表示胸围与腰围的差数为：男 2 ～ 6 厘米，女 4 ～ 8 厘米）。

通俗来讲，肩宽腰细、臀大腰细的人穿 A 体服装；一般体形的人穿 B 体服装；肚子大的人穿 C 体服装。因个人体形特异性，上、下衣可不是一种形体的服装，如有的人上衣穿 A 体，下衣穿 B 体。

大多数警服品种的号型采用 5.4 号型系列：身高以 5 厘米分档，胸围、腰围以 4 厘米分档。

服装的号是指身高。男装按身高号段分为 160、165、170、175、180、185、190；女装按身高号段分为 150、155、160、165、170、175、180。人的身高与服装号有区别时，采用上 2 下 2 的方法归档。如身高在 168 ～ 172 厘米的人归号为 170。

服装的型是指围度，上衣是指净胸围，下衣是指净腰围。

男性服装上衣：

A 体胸围为 78 ～ 110 厘米（4 厘米为一档）；

B 体胸围为 84 ～ 116 厘米（4 厘米为一档）；

C 体胸围为 88 ～ 120 厘米（4 厘米为一档）。

男性服装下衣：

A 体腰围为 62 ～ 98 厘米（4 厘米为一档）；

B 体腰围为 74 ～ 108 厘米（4 厘米为一档）；

C 体腰围为 82 ～ 116 厘米（4 厘米为一档）。

女性服装上衣：

A 体胸围为 74 ～ 102 厘米（4 厘米为一档）；

B 体胸围为 76 ～ 108 厘米（4 厘米为一档）；

C 体胸围为 80 ～ 112 厘米（4 厘米为一档）。

女性服装下衣：

A 体腰围为 56 ～ 88 厘米（4 厘米为一档）；

B 体腰围为 64 ～ 98 厘米（4 厘米为一档）；

C 体腰围为 72 ～ 106 厘米（4 厘米为一档）。

特殊体形的人围度可根据档差向两边递增或递减。若民警所发服装不合体，可按现服装的长短、肥瘦，根据以上数据来调整自己的服装号型。如现服装上衣是 170/94A，感觉又短又瘦可调整为 175/98A。也可找与自己体形相仿之人的服装试穿一下，来确定自己的服装号型。

春秋常服、冬常服上衣长短一档是 2 厘米，下衣长短一档是 3 厘米。如：175/98A 的上衣比 170/98A 的上衣长 2 厘米；175/82A 的下衣比 170/82A 的下衣长 3 厘米。

作训服、雨衣、多功能服属宽松式的服装，不分 A、B、C 体，上衣围度档差是 6 厘米，下衣围度档差是 7 厘米。其基本号段是：

男装上衣：165/82/88/94/100/106；170/86/92/98/104/110；175/90/96/102/108/114；180/94/100/106/112/118；185/98/104/110/116/122。

男装下衣：165/70/77/84/91/98；170/74/81/88/95/102；175/78/85/92/99/106；180/82/89/96/103/110；185/86/93/100/107/114。

女装上衣：155/78/84/90/96/102；160/82/88/94/100/106；165/86/92/98/104/110；170/90/96/102/108/114；175/94/100/106/112/118。

女装下衣：155/62/69/76/83/90；160/66/73/80/87/94；165/70/77/84/91/98；170/74/81/88/95/102；175/78/85/92/99/106。

如果民警配发的冬作训服不合体，可根据以上号段对自己的服装进行调整。

（七）警服的清洁养护

按种类的不同，可以将警服的清洁养护分为帽类的清洁养护、服装类的清洁养护、鞋类的清洁养护和标志类的清洁养护四种。

1. 帽类的清洁养护

不要挤压或折弯警帽，防止变形；大檐帽可以用蘸了洗涤剂的牙刷清洗，女凉帽可以机洗并悬挂晾干；女布帽不能完全浸湿，只能用蘸有清洁剂的牙刷清洁有污渍的地方，且水温不超过 40℃；女呢帽不能使用干洗以外的方式进行清洁。

2. 服装类的清洁养护

根据衣服材质的不同，可将服装类的清洁养护分为四小类，分别是衬衣、夏执勤服和作训服的清洁养护；常服、春秋和冬执勤服的清洁养护；针织圆领 T 恤衫和毛衣的清洁养护；多功能服和雨衣的清洁养护。

（1）衬衣、夏执勤服和作训服的清洁养护：这些衣物由腈纶与棉纤维混纺而成，可机洗，且水温不高于 40℃。洗涤时，切勿使用含增白剂的清洁剂，在领口和袖口处滴上衣领净后再用手不断揉搓以消除污垢，不得使用硬板刷刷洗。在清洗后，为保持形状平整，切勿用力拧，应悬挂晾干，且不能暴晒。熨烫时，温度应低于 150℃。

（2）常服、春秋和冬执勤服的清洁养护：这种服装由毛线与涤纶混纺纱条制作而成，宜干洗或用水漂洗，但不可机洗。水洗时，应加入适量中性洗涤剂，用手大力揉搓或用软毛刷刷洗，避免使用碱性洗涤剂；漂净时，也可在水中添加抗静电药剂（如衣物柔顺剂等）及少许的醋，以减轻静电吸附和吸灰等现象，并使毛呢表面更加洁净，但切勿在太阳下暴晒，最适宜的熨烫水温为 60℃～120℃。当季节变化时，应清洗干净后存放，并添加适量的驱虫剂以防蛀虫。

（3）针织圆领 T 恤衫和毛衣的清洁养护：此类衣服为全毛织物，应干洗或用水漂洗，但不能机洗。水洗时，应加入适量中性洗涤剂，用手轻揉，清水冲洗，摊平晾干，不要悬挂，以免变形，且水温保持在 20℃～30℃。当季节变化时，应清洗干净后存放，并添加适量的驱虫剂以防蛀虫。

（4）多功能服和雨衣的清洁养护：洗涤时，不要使用含有增白剂的洗涤剂。衣服领口和袖口不能用硬板刷刷洗，可以用软刷刷洗清除污垢。洗净后不要使劲拧干，确保形状平整，应悬挂在阴凉处晾干。雨衣用完后，用湿布擦拭雨水、污渍，挂在阴凉处晾干，避免晴天穿用，否则会缩短使用时间。

3. 鞋类的清洁养护

皮鞋要保持干净，定期使用同色鞋油擦拭保养，清洁时切勿水洗或接触溶化剂；浸水后应用干布吸去皮鞋内外水分，擦干放在阴凉处，不可暴晒。胶鞋、胶靴穿用时避免接触油污。

4. 标志类的清洁养护

不要摩擦标志，不要接触硬物和化学试剂。清洗衣服时，取下标志，不要将其浸泡在热水或洗涤剂中。

四、仪容要求

仪表即人的整体外貌，通常涉及一个人的容貌、服饰、个人卫生和姿态等方面，是人的总体精神面貌的外在体现。而仪容则是仪表最主要的部分，是指人外在的整体容貌。仪表与仪容从微观上来说反映着个人形象，是个人自尊自爱精神的体现；从宏观上来说是政府司法行政工作形象的标志，是文明服务与管理水平的表现，体现着新一代公众的整体精神面貌与社会服务素质。仪表美学是一种审美综合范畴，它主要包含了三个层面的审美内涵：一是指人的面容、形体、体态等协调优美，是人的自然美；二是指修饰美，它主要是在个人装饰打扮与后天自然环境的共同影响下形成的；三是指纯洁高尚的内心世界和旺盛活力的外在表现，是一个人内在美的自然表现。

案例 2－3

文秀是一名女特警，很多时候，初次见面的朋友都会直接问她“能单挑几个”，朋友们对她职业的第一印象是神秘、帅气。

在文秀所在的反恐突击队中，6 名女特警显然是少数人群。文秀 18 岁时考上了警察学院，全年级 120 人中仅有 5 名女生，每天跟男生一样进行“地狱式”训练。后来她成长为一名优秀的女特警，来到了警队。5 层高楼 3 秒速降，半分钟内拆枪组枪，0.5 秒内快速射击，距离目标 10 米处的靶标应声落地，在特警支队特训营中，文秀的表现令男队员刮目相看。

突击队队员张强伟说：“男女警察的训练要求是一样的，文秀的跑步和射击比我们很多男警察都厉害。”这样的文秀很快就给男特警们留下了深刻印象，他们也不再用老眼光去看待女特警了。文秀那一头乌黑的短发，显得她干脆利落、眉清目秀，也显得她格外灵动，自然红润的唇色展现出女性独特的健康美，一身警服和特警的警用装备在文秀敏捷的身手下霸气十足。每一个见到文秀的人看到她微笑的样子，都有一种亲近感和安全感。

据特警支队多名民警介绍，以文秀为代表的女性特警不仅在训练营表现优异，在维护社会稳定、应对突发事件方面也具有必不可少的作用。有一日，突发警情，不法分子将一商店大门反锁，并绑架了商店里的部分群众和工作人员，在商店里淋泼汽油并威胁要引燃商店里的煤气瓶，狙击手远程射击有一定的风险，最后由文秀假扮商店职员到窗口附近并假装谈判。犯罪嫌疑人发现是一名女子，便放松了警惕。在谈判时，文秀利用战术动作掩护了另一名突击队队员，趁犯罪嫌疑人没有防备，使用电击枪顺利地把犯罪分子制服，并成功救出了所有人质。

“在实战中，女警察往往有意想不到的优势，这更有助于办理案件。”文秀告诉记者，当他们在外面执勤时，女特警相对于男特警来说，更有亲和力，能够在工作中避免许多麻烦。

脱下制服，穿上日常装的文秀喜欢淡雅的妆容，爱穿驼色系服装，裙子和高跟鞋是她的心肝宝贝。她也喜欢旅行、拍照、看电影和写影评，还会利用空余时间制作精美的礼物送给朋友，朋友圈的封面是她与蓝天白云的合影。

同事和朋友都非常喜欢这样工作出色、生活有趣、美丽慷慨的女特警。

点评：

文秀能够得到大家的认可和赞赏，除了自身魅力和刻苦努力之外，也是因为特警这份光荣的职业。

文秀塑造的职业形象展现了她坚韧不拔的精神，淡雅精致的仪容表现出她活泼勇敢的性格，凸显出可亲可爱的人物特质。

外在形象往往影响着一个人给别人的第一印象，良好的印象加上呈现出的自身品位和气质都是良好的职业形象所必需的要素。人们对于美的追求是无止境的、全方位的，妆容精致干净、衣着大方端庄、体态挺拔精神、谈吐温和有礼，能够让我们看起来更健康、更有活力。

警察的仪容会影响警民之间的关系。整洁大方的仪容可以增强公众对警察的亲近感，拉近警民距离，构建和谐关系，使警察更有效地开展各项工作。反之，警察若是不修边幅、仪态不端，就会失去公众的尊重。那么，警察仪容都有哪些注意事项，应该如何打造得体的警察仪容呢?

（一）面容整洁

在人与人的交往中，第一印象形成的关键就是我们的面部容貌，它就像是展示给对方的一张素描肖像，也是对方会特别关注的礼仪要素之一。一张干净清新的脸能够展现出人的良好精神面貌，也能让交往对象感受到足够的尊重，体会到舒适的交往感。面部容貌包含皮肤、眉眼、耳鼻、唇齿和颈部五个部分。

1. 皮肤整洁

如果脸上都是污渍，身上充满怪味，那么不管长得多么漂亮、穿得多么华丽，都会毁掉一个人的美丽。因此，每个人都应该时刻保持面部皮肤干净清爽、红润饱满、细致光洁，无油光、汗渍以及其他影响面部整洁的污垢，这是自身面部整洁和尊重交往对象的基础。除了早晨清洗面部以外，在午休、进餐、劳作、外出后也应当及时清理面部污垢，并给皮肤补充水分，防止皮肤出现夏天油腻邋遢、冬天干裂脱皮的现象。

2. 眉眼清爽

眼睛是心灵的窗户，所以眼部是大家最注意的地方。清澈透亮的眼睛能让人看起来充满活力。眉毛是脸的五官之一，是整张脸的灵魂，合适的眉形对脸部有着画龙点睛的效果，能够充分展示个人特性。因此，保持眉眼清爽是司法行政工作窗口服务人员提升个人形象的有效途径。

警务人员在工作和生活中应注意及时清除眼部分泌物，避免分泌物留在眼角，并让眼睛得到充分的休息。当眼部患病时，如患睑腺炎、沙眼等，应及时前往医院进行治疗，并注意眼部清理，防止传染。墨镜主要用于在户外活动时减少紫外线对眼部的损伤，在室内最好不要佩戴墨镜，会显得不礼貌。眉毛的修剪和整理必须注意形状和颜色是否合适。男性的眉毛会较多地保留阳刚特质，一般以自然、刚毅为美。女性则可以根据自己的情况进行适当的修剪，但不要文眉，更不要剃光眉毛。如果有断眉、残眉、挑眉等情况，应按照自己的角色定位，本着讲究美观、端庄大方的原则及时补救。

3. 耳鼻卫生

耳鼻是面部五官里最容易产生分泌物的器官，通常最容易被忽视而藏污纳垢。因此，要特别注意保持耳鼻卫生。因为耳孔内含有较多分泌物和尘埃，所以必须经常对耳部加以清洗。有耳毛的话，必须及时加以修理。清理鼻孔要注意场合，不能当众用手去抠鼻孔、擤鼻嚏、乱弹或乱涂鼻垢，必须用毛巾或手帕辅助清理，并且要防止产生太大的声响，用过的毛巾或手帕也要及时清理，这样才能保持干净卫生，不会让人觉得不适。鼻毛比较长的人，要定期修剪鼻毛，不能让它暴露在外面，要注意不能在公共场所拔鼻毛。

4. 唇齿洁净

嘴唇、牙齿也是一个人仪容美的重要组成部分。肮脏的嘴唇和牙齿会使人在微笑交流时显得不美观，导致与人的交往产生困难。

在日常生活中，我们应当有意识地护理嘴唇，以防止干燥、开裂、脱皮或残留异物。为了防止口臭，必须做好口腔卫生工作，试着做到每日刷牙三遍，饭后刷牙且每次刷牙时间大于三分钟。如果牙垢非常明显而且无法消除，甚至是牙齿颜色发黄，可到医院或专门的牙齿清洗机构加以清理，让牙齿显得更洁白、更卫生。而预防牙齿偏黄的最有效办法，就是不抽烟、不饮浓茶。每次进餐后都要检查牙齿上是否卡有异物，若有则需及时清除。用餐引起的口臭也应及时解决，以维护个人谈吐形象。另外，在举行重要社交活动之前，切忌食用蒜、洋葱、韭菜、黄萝卜等会使人口腔产生强烈异味的食品。

5. 颈部美观

颈部是面部自然美的延伸，颈部皱纹增多会影响美观，所以有必要防止颈部肌肤松弛老化，预防脸颈的美丽脱节。平时应当注意护理脖颈，尤其是脖子后部和耳朵后面，不应隐藏污垢。另外，面部底妆也应适当延伸至脖颈，避免两部分存在明显的视觉差异。

（二）手部卫生

仪容除了人的面部以外，还包括人整体体态气质的展现。在人与人的交往中，手是最明显的部分之一，不管是友好的握手还是展现情感思想的手部动作，都能显示一个人的仪容仪态，因而手也被称为人的“第二张名片”。

保持手部卫生首先要对手部皮肤和指甲进行清洁消毒。按照规定，人民警察不得留长指甲（指甲长度不应超过手指指头）、染指甲。穿警服时，又长又鲜艳的指甲会破坏职业尊严和威严，显得不伦不类。此外，警务人员要注意不能在公众场合修剪指甲、用手揉搓泥污、脱掉鞋袜、清洁牙缝等，注意避免以上不文明现象。有品位、有素质的人的精神风貌可以从一个人的手势中展现出来。

（三）脚部清洁

细节决定成败，在人际交往、工作生活中，再美丽明亮的外表，如果偏偏忽视了脚部，也会给人留下不好的印象。

保持脚部清洁，应勤洗脚、勤换袜、勤换鞋和擦鞋。对人的身体来说，最容易感受到忙碌工作所造成的疲劳感的就是脚。因此，勤洗脚不仅能保持足部卫生，还能放松身体，消除疲劳，让人精神焕发。同时，要注意选择袜子的材质，棉制吸汗的袜子能有效防止臭味，破洞、有异味的袜子应及时扔掉。警务人员在工作中按规定应穿深色袜子。女警在春夏季穿裙子的时候要穿丝袜，并备用一双颜色相同的袜子，以免不小心污损丝袜的时候及时更换，保持美观。此外，为使仪容仪表干净一致，要勤换鞋、勤擦鞋，保持鞋面的光泽。

（四）发式整洁

头发也是一个人仪容的重要方面，无论是否有社交活动，我们都应该自觉做好其日常护理工作。男警发型应该注意定时整理修剪，头发不要过长，必须保持清洁整齐。尤其是前部的头发不能遮住自己的眉毛，两侧鬓角也不能留得过厚或过长，侧边的头发也不要盖住自己的耳朵，后部的头发不要压在衬衣领子上。男警禁止留长发、大鬓角、卷发（自然卷除外），禁止剃光头和蓄胡子。女警的发辫也不能过肩，应当将长发束起系髻于两耳上沿至后脑勺中间位置。此外，按照规定，所有警察都必须保持发型整齐，非因特殊任务的需要禁止染色。发型的选择还应注意适合脸形、发质、体形和年龄等。

1. 结合脸形

鹅蛋脸脸形好看且百搭，任何发型都能轻松驾驭。圆脸脸形想要减小脸的圆度，可重点安排头顶的头发，用前额刘海覆盖双耳和部分脸颊。长脸脸形想要减小脸的长度，应避免暴露全部面部，可以适当地用刘海遮住前额，尽量增强面部的横向感，为了让脸形看上去圆一些，尽量使两侧的头发保持蓬松，发尾轻盈光滑。方脸与圆脸相似，做发型时前部头发应遮住额头，并将头发梳向两侧和下方，也可以选择带曲线的发型，发尾可略微向内弯曲，可以形成脸部窄而流畅的效果，同时也可以修饰方正的下颌角。梨形脸注意保持头顶头发蓬松且高耸，以微微卷曲或波浪状的头发盖住下颌线，打造宽额头的效果。菱形脸有必要加大头发前额部与下颌的丰满度，使脸形趋近于鹅蛋脸。如果是心形脸，可将刘海斜着梳向一侧或把中央位置的刘海往上卷，或在下颌线处稍微加大宽度。

2. 结合发质

只要能利用好自然卷发，就可以用它来打造各种美丽的发型。自然卷如果剪短头发，卷曲度就不那么明显了，如果留长一些，就可以表现出头发的卷曲美。服帖头发的特点就是贴在头顶，不蓬松，发量不多不少。所以，经过精心的修剪与打理，发根的线条就能够产生非常漂亮的形状。细而软的发丝应留得长一些，把发丝归拢在一起后，于头顶以及脑后盘绕成髻是最合适的，在正式场合，发髻应该梳在头顶；居家时，发髻可以梳在脑后；当发髻梳在后颈上时，整个人会显得高贵而优雅。又直又硬的头发要做出各种各样的发型并不容易，需要尽可能避免过于复杂和富于想象力的发型，应该把发型整理得简单优雅一些。

3. 结合体形

那些身材高大的人，看上去就充满力量感，这类身材的人一般选用较简洁的直短发，或者是大波浪头发，并依据个人具体情况对直头发、长波浪、束发、盘发、中短发式进行合理搭配，尽量避免烦琐做作的发型，同时头发也不要弄得过于蓬松。而有些身材高瘦的人给人苗条、头小的感觉，为了平衡，发型一定要弄得生动活泼，避免过分蓬松或贴头皮，而一般来说，高瘦体形的人也不适宜把头发盘得过高或修剪得很短，更适合长直发。五短身材的人看上去玲珑小巧，因此需要选择和自己相适应的比较秀气、精致的发型，从整体上来说，更适合留短发或把长发盘扎起来，这样就可以拉伸曲线，过长的头发则会放大自身缺点，显得人矮小；如果要烫发的话，应当配合身材烫得小巧精致些。个子不高又体形微胖的人要注意补足缺陷，可选择舒展、轻盈、俏皮的发式，比如有层次的单发、前额翻翘式等发型，避免长波浪和长直发；身材矮胖的人不要把头发留到肩膀上，会显得脖子短，要尽量把头发往上梳，用露出的脖子在视觉上拉长身高。

4. 结合年龄

发型也应该随着年龄的增长而变化，一个适合年龄的发型可以让人耳目一新。一般来说，年长的女性不要留过长的头发或披头散发，这会让人看起来憔悴、衰老，长发、披发的应将头发束起，或盘低发髻，也可以选择合适的卷发造型。年轻女性在工作中应该将头发束起或盘起，生活中可以选择有刘海的短发或梨花头造型，显得俏皮可爱。

（五）女性的妆容

化妆对于职业女性来说，是一堂不可或缺的必修课。妆容深浅适宜、落落大方，可以提升一个人的气质，塑造出坚定、能干、果敢的形象。在大部分人眼中，监狱、戒毒人民警察或一般司法工作人员是不需要化妆的。其实不是这样的，化妆和浓妆艳抹是有很大区别的，很多人会混淆二者的意思。干净自然的妆容更能展现警务人员等代表国家形象、忠诚履职、昂扬向上的精神风貌和家国情怀。

1. 因人而异，扬长避短

众所周知，化妆可以改变一个人的容貌，但有些化妆技巧应该具体问题具体分析。比如，底妆不一定要白才能遮住黄气，皮肤黑的人涂抹过白的粉底不一定好看；苍白的脸上使用艳色的口红并不一定会使脸显得红润。事实上，在化妆技巧上，发挥自己的优势往往比掩盖自己的缺点更重要，要因人而异。比如，年轻人的皮肤比较饱满，心理状态比较好，应该选择以眼线、睫毛膏、腮红为主偏粉嫩的淡妆；对于年纪较大的人来说，颜色偏深、不加珠光的口红才是首选，既能展现成熟优雅，又不会显得俗气。眼线可以修饰一个人的眼部轮廓，且放大双眼，让人看起来更加迷人。应选择与自身颈部肤色相近或浅一个色号，且具有一定遮瑕力的粉底。面色发黄偏暗、皮肤偏干的人，应及时给皮肤补充水分，选择粉质细腻、有光泽感的液体粉底；皮肤偏油的人，应选择流动性弱的粉底液或固体粉膏，上妆效果更好。皮肤白皙的人不应该选择太白的粉底，而应该专注于通过粉底打造细腻的肌肤；深色皮肤的人应该选择与肤色相近的粉底，并通过粉底均匀肤色。腮红应选用膨胀色提亮面中，使两颊变得饱满，脸部层次分明。经常在户外工作的警察，需要注意妆容淡雅、简洁、适度，口红颜色不宜过分鲜艳，选择保湿度较高的粉橘色唇膏即可；经常在室内工作的警察，应注意皮肤的保湿和眼睛的护理。

2. 化妆步骤

（1）清洁皮肤。空气中总是飘浮着污染物、尘埃以及病菌，它们会吸附在裸露于空气中的人的面部皮肤上，且肌肤本身也会进行代谢产生污垢。所以，人们必须及时清洁面部，以保证肌肤光泽，使其生理功能能够正常发挥，并避免皮肤颜色暗淡、肤质粗糙，或者是因皮肤感染而引起肌肤炎症，甚至形成青春痘、皮肤疱疹等问题。因此，面部皮肤养护的重点是保持清洁，干净的皮肤也能使底妆更加清透服帖。油性皮肤宜于早晚用清爽类化妆品加以清洗，干燥肌肤在早晨用清水清洁即可，晚上可使用清洁类化妆品清洗。洁面水的温度不应太热，也不应太冷，约 30℃为宜。

（2）皮肤保湿。先用手将适量化妆水轻拍于面部，或用化妆水浸湿的化妆棉轻轻擦拭面部，再用点按的手法按摩面部，促进化妆水吸收、渗透，以增加皮肤弹性。对于缺水皮肤最有效的是用保湿喷雾喷脸，可快速为肌肤注入大量水分。此外，还可以根据季节、气候、年龄和皮肤状况，取适量适合自己的眼霜、面霜和防晒霜，用点按的手法涂抹在面部和颈部并适当进行按摩。建议用手进行护肤，因为利用手部的温度可以方便地把化妆品推开，会比使用化妆棉的效果更好。

（3）隔离彩妆。使用专业的隔离霜或 BB 霜，可为持久、均匀、精细的底妆打好基础。尤其是在夏天，使用隔离霜有助于保护皮肤，减轻皮肤负担，并在下一步使用粉底和其他化妆品时起到保护皮肤的作用。

（4）选择粉底。健康肤色和小麦色是表现活力的最佳颜色，象牙白、粉白是最合适的提亮色。使用粉底时，先取适量的粉底液挤在手背上，用指尖匀开，少量多次地涂抹于面部，直到鬓边和腭下，再用海绵蛋或气垫粉扑小心地在面部拍开，避免出现粉痕。然后用少许油质眼影膏打底，它可以使粉状眼影更显色。如果需要遮盖眼部下方的黑眼圈或者脸上的痘印、斑点，可以使用遮瑕膏和遮盖力较强的粉底液进行遮瑕，先取出少许遮瑕产品，轻轻点于瑕疵最重的区域，然后用化妆刷或者海绵蛋摊平，这样看上去就会更自然，接着再用吸油纸或者毛巾按摩并吸掉多余的油脂。静置约 1 分钟后，用粉饼或散粉定妆，尤其要注意鼻子两侧、嘴角以及眼睛的内、外角。

（5）描画眉毛。使用接近眉毛颜色的深棕色或灰褐色画眉产品，描画缺失或需要加深的部分。

（6）勾勒眼睛。眼线除了能够在瞬间提亮眼睛外，还能够突出妆容的职业感。所以我们可以按照眼睛的形状，使用黑色或咖啡色眼线笔，从内眼角入手，由内到外，轻轻提拉至外眼角末端。眼影也可采用清新的色彩和眼线颜色相配，来突出东方情调和清新干练的职业感觉。浓密型或纤长型睫毛膏可以增强眼部的灵动之美，根据自身的情况选择即可。

（7）涂抹腮红。选择一款与嘴唇颜色相近的腮红涂抹于脸颊，职业妆腮红不应比唇彩厚。打上腮红，可以使整个面部更加自然，还可以柔和突出的颧骨。然后用相同色彩的腮红粉扫过太阳穴区域，即可让整个面部的颜色更加浓淡和谐。涂腮红时不要微笑，涂到颧骨的最高处就可以，由外向内少量多次地涂抹。

（8）使用口红。嘴唇颜色较深的人可以选择浅色透明的口红，嘴唇颜色较浅的人应该选择有光泽或水红色的口红，口红的颜色应该与腮红相协调。透明的唇彩可直接涂抹在嘴唇上，轻巧细腻，无须勾勒唇线。

3. 化妆禁忌

人民警察职业的特殊性要求妆容不应过于浓艳、夸张、轻浮。颜色的选择是关键，切忌大红和大绿。眼线、假睫毛和香水如果使用不当，会给人不好的联想。化妆时要注意场合，不要在工作时间化妆或补妆，避免给人一种不专业的感觉。同时，应注意不要在公共场合批评别人的妆容，也不要随便使用别人的化妆品。

项目任务书

一、分组

将一个班的学生分为若干个团队，每个团队 5 ～ 8 人。具体步骤如下所述：

1. 通过教师指定或学生自荐或选举产生各团队队长，制定团队章程，明确团队成员和队长的职责和任务。

2. 由队长在课堂上自行联系本班同学，组建自己的团队。各团队成员应男女生合理搭配，同时要充分考虑到团队成员性格倾向、兴趣爱好、语言表达能力、计算机水平、文字表达能力和组织能力等的搭配。

二、分工与安排

1. 队长针对任务进行详细的任务分工和安排，并落实到团队每一个成员，做到团队中每一个成员都清楚团队的任务和自己的职责，然后按照队长的指令开始行动，确保在规定时间内完成任务。

2. 认真阅读项目任务书所有内容，确认自己需要完成哪些任务（哪些是需要由团队共同完成的任务，哪些是需要自己完成的任务）、如何完成、何时完成，做到有计划、有目的。

注意：需要由团队共同完成的任务，一定要做好规划，听从队长安排，团结一致，协同完成，避免争吵和相互推诿。同时，任务要落实到每一个人身上，明确什么时候完成、由谁负责，一定要合理分工，各尽所能，发挥团队中每一个人的才能。

3. 团队组织到位，分工合作，一定要在规定的时间内完成任务，完成任务过程中要做到有序、有效；同时，填好相关表格，清晰地写好相关任务书，资料完整，讲究逻辑。

注意：在完成任务过程中，要有效协作，注意安全，保证团队每一个成员的人身安全和财产安全。

4. 有不清楚的地方请及时与指导教师沟通。

5. 根据任务清单，填写计划安排表（见表 2－1）。

表 2－1　计划安排表

练习编号	任务内容及说明	时间安排	负责及参与人员	备注说明

续表

练习编号	任务内容及说明	时间安排	负责及参与人员	备注说明

三、练习内容

任务 1：警服穿搭

以下为夏执勤服、春秋执勤服、冬执勤服、春秋常服、冬常服、作训服、多功能服、警礼服及其配套服饰、制式圆领毛衣、制式圆领 T 恤衫、外穿长袖衬衫，以及警服配饰及标志，包括扣式软质肩章、扣式硬质肩章、套式软质肩章、大檐帽、大檐凉帽、警便帽、女翻檐帽、软质警号、软质胸徽、硬质胸徽、警用领带、领花等的照片。

请各小组同学在 20 分钟内就以下服装照片搭配出正确的警服着装。以完成最多套警服搭配者为第一名计 10 分，第二名计 8 分，第三名计 6 分（名次每递减一名减 2 分，以此类推），填入表 2－2。

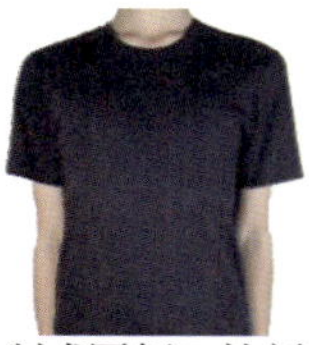
制式圆领 T 恤衫

内穿长袖衬衫

制式圆领毛衣

硬质胸徽

软质警号

硬质警号

夏执勤服

外穿长袖衬衫

软质胸徽

女翻檐帽

套式软质肩章

女翻檐凉帽

领花

扣式硬质肩章

扣式软质肩章

警用领带

多功能服

警便帽

冬执勤服

冬常服

大檐帽

大檐凉帽

春秋执勤服

春秋常服

作训服

男女警礼服帽子

警礼服胸徽

警礼服姓名牌

警礼服领花

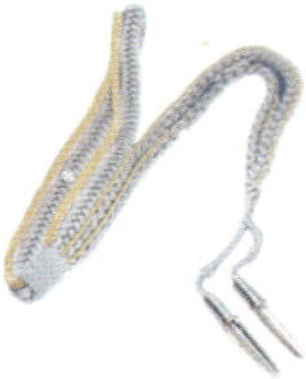

警礼服绶带

警礼服衬衣

警礼服

表 2-2 警服穿搭计分表

姓名	完成套数	计分

任务 2：警察仪容设计与现场操作

各小组派出男、女生各一名，分别着春秋常服，女生也可着夏季警裙。请该组同学就所学仪容知识，分别为两位同学制定适宜的仪容方案（见表 2-3），并进行陈述。小组经讨论后，票选出最佳方案，进行现场化妆和展示。

表 2-3 仪容设计方案

男警察仪容设计方案	女警察仪容设计方案
得票：	得票：

任务 3：情景仪表设计

案例分析：

某狱所招聘辅警，主要从事宣传教育工作，应聘者非常多，应届毕业生小方也前往面试。她在大学期间表现非常优秀，曾担任学生干部，不仅在各类刊物上发表过多篇论文，还组织策划过各类校园文化活动。她英语表达流利，书法也很棒，并且身材匀称，长相清秀甜美。为了参加面试，小方做了充分的准备，在穿着上用露脐 T 恤搭配迷你短裙，为了突出姣好的面容，专门涂了鲜红色的口红。面试的时候，她非常自信，不请自坐，在面试的过程中始终跷着二郎腿。

请根据上述内容，以小组为单位进行讨论，就小方面试的形象，选择一名代表发表意见，并给出适合小方的形象设计方案（见表 2-4）。

表 2-4 小方的面试形象设计

小方在此次面试形象设计中有哪些问题？	
小方面试的形象设计方案	

四、成果评价标准与得分

（一）评价标准

本项目包括三个任务，每个任务都有相应的分值，具体评价标准为：

1. 本项目任务占最后总评成绩的 20%。
2. 任务分工表填写符合要求，具有可操作性，记录详细清晰。
3. 认真做好记录，按照要求进行分析并且分析得当、正确、有说服力。
4. 在规定的时间内完成。
5. 口头汇报表达清晰、正确、合理、态度认真。

（二）分值分配

填写表 2－5，计算总分。

表 2－5　分值分配表

评分项	满分	个人评价（30%）	小组评价（30%）	教师调整（40%）	总评
分工与安排	5				
任务 1	25				
任务 2	35				
任务 3	35				
合　计	100				

模块三

警察执法形象

学习目标

知识目标

1. 能掌握人民警察站姿、坐姿、行姿、蹲姿的基本要求和要领以及站姿、坐姿、行姿、蹲姿的分类，禁止行为和场合要求；

2. 能知晓人民警察敬礼、握手的基本要求和要领以及场合要求，熟悉其他手势的运用，了解不同文化背景下手势的运用；

3. 能掌握人民警察称呼、介绍、报告的基本要求以及场合运用，熟悉表达的基本方式，了解表达中的禁忌；

4. 能知晓人民警察目光和微笑的基本要求和方式，了解其在表情运用中的注意事项。

能力目标

1. 能按规范标准，熟练、正确地做出人民警察站姿、坐姿、行姿、蹲姿、手势等动作，并运用到不同的工作场景中；

2. 在职业交往中，能恰如其分地运用人民警察职业语言和表情。

素养目标

1. 强化个人学习和分组训练，培养自主学习能力和团队协作能力以及人民警察的职业责任感；

2. 理论联系实际，能够在不断地强化训练中养成自律的行为习惯；

3. 养成“爱职业、讲政治、懂规范、守礼仪”的职业素养。

导入案例

看来众怒难犯，大家开始齐力声讨余罪这个睚眦必报的小人了。另一位女生说，你一句话说得难听，他回头能骂你十句，一点风度都没有；又一位男生道，这人奸诈得全身流坏水，跟人打赌打牌从来没输过，欠他几块钱，他能死皮赖脸追在背后一直要，上厕所都不放过；又有一位说得更凶了，说这家伙能犯的错，能违的纪，抽烟打架酗酒，训练逃课考试作弊，一样都没落下，整个就一害群之马，刑侦专业这个班年年拿不到优秀，就是他的功劳。更猛的是易敏，看来她对余罪怨念颇盛，絮絮叨叨说了一堆余罪的坏话，从给女生起恶心绰号、到给全班荣誉抹黑，历数一遍，整个就一十恶不赦、罪大恶极，末了还不忘气呼呼加上一句："知道我们为什么叫他'余罪'了吧！"

资料来源：常书新. 余罪：我的刑侦笔记. 海口：海南出版社，2015.

案例分析：

余罪是一名警校毕业生，其貌不扬，坑蒙拐骗，涉嫌敲诈同学解冰的钱财；成绩平平，考试作弊，经常带着一帮渣子生打架斗殴；痞里痞气，油嘴滑舌，满嘴跑火车；而且他胸无大志，其最大的理想是成为片警，让那些"三教九流"把他当作大爷供着。在余罪的同学们眼中，余罪就是一个"十恶不赦、罪大恶极"的"害群之马"，即使在赏识他的伯乐许平秋心中，他也是一个"集中了几乎所有学员缺点的人，而又没有其他人身上任何的一个优点或特长。学业平平，表现差劲，两面三刀，谎话连篇，人品极烂"。这与我们在生活中和影视剧中见到的警察形象相差甚大，其形象与传统的警察职业形象也有云泥之别。但就是这样一个他人眼中的烂人、"余贱"，凭借着高超的智慧和生存的本能，深入龙潭虎穴，成为当地最大的贩毒集团的"卧底"，从源头上打掉了毒窝，完成了一个人民警察特勤的英雄使命。

余罪只是小说中虚构的人物，只有这样的人物才能引起故事的跌宕起伏。但是作为一名现实中的人民警察，如果在职场上不按照人民警察的职业准则去要求自己，不注重自己的形象，试想你会有虚构的"余罪"那么多机会去证明自己是一个合格的警察吗？答案肯定是否定的，其结果必然是失掉公众的信任。所以，我们必须要有规范的职业言行举止，为警察职业形象增辉。

思考：

为什么要规范人民警察的言行举止？它所包含的内容是什么？在实施的过程中分别要注意些什么？

知识充电站

一、警察职业举止

人民警察职业举止是通过警察的职业行为传递给公众的印象，在日常工作中主要通过站、坐、走、蹲等行为表现出来。良好的职业举止不仅能体现警察的个人素质，也能在职业群体中形成一种合力，建立起较好的社会公信力。

（一）站姿

案例 3-1

某律师事务所要与某单位洽谈合作事宜，派年轻能干的小李先行商谈。小李去了不久，该单位就打电话过来要求换人，否则将不再合作。律师事务所恳请对方解释原因，对方说，小李站着和他们谈话时，双手要么抱肩，要么插在裤兜里，而且握手时另一只手还插在裤兜里；坐下交谈时跷着腿、仰靠在沙发上；听对方说话时，小李不是玩弄自己的笔就是东张西望。对方表示，虽然都是细节方面的问题，但是他们不愿和这种不懂礼貌的人合作。

点评：

小李作为律师事务所派出的代表，在职业交往过程中，既没能展现团队形象，又未能体现个人的职业素养。抱肩、插兜、跷腿、仰靠、东张西望等，小李给人一种傲慢、轻浮、没教养的感觉，使得交往对象对他缺乏职业认同感而拒绝合作。小李作为先行代表，在洽谈过程中应明确自己的职业特点，按照律师的职业特征，通过严谨且亲和的行为举止塑造良好的形象，并注重交往中的细节问题，才能取得对方的信任和好感。

站姿是警察在警务活动和日常生活中最基本的行为举止。良好的站姿能够体现人民警察威严的职业气势，也是人民警察在公务活动中获取他人认同的最直接的手段。

1. 基本要求

人民警察站姿要求端正、挺拔，做到姿势正确、状态威严，体现警察职业的独特性。

2. 基本要领

双脚往下踩，髋往上提，肩胛骨下沉，头顶向上顶，脊柱拉直，形成脚和髋、头和肩的两组对抗力量，身体重心微微前倾，整个姿态呈拔高状态，如图 3-1 所示。

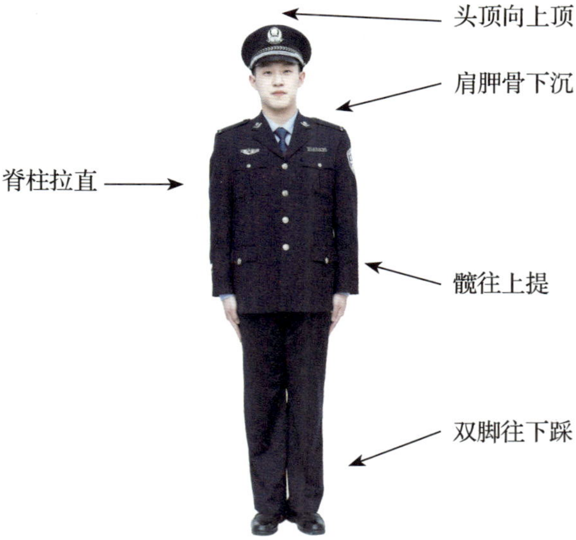

图 3-1　人民警察站姿的基本要领

3. 视觉效果

从正面看，全身笔直，头正目平，两眼正视前方，两肩平齐，挺胸收腹，两臂自然下垂，两腿相靠站直，两脚跟并拢，两脚尖张开 60°，身体重心落于两腿正中，肌肉略有收缩感。

从侧面看，两眼平视前方，下颌略收，挺胸收腹，腰背挺直，手中指贴裤缝，整个身体庄重挺拔。

人民警察站姿正面和侧面效果如图 3-2 所示。

图 3-2　人民警察站姿正面和侧面效果

4. 站姿分类

（1）两手侧放式。

两腿并直，脚跟靠拢，脚掌分开呈 V 字形，双手自然垂放在腿部两侧，手指略弯，呈半握拳状，如图 3－3 所示。

图 3－3　两手侧放式站姿

（2）两手前腹式。

男警双脚略微分开，与肩部保持同宽，双手相握放在小腹处，如图 3－4 所示。

女警要求两腿并直，脚跟靠拢，脚掌分开呈 V 字形或者丁字步，双手虎口相交叠放于脐下三指处，手指伸直但不要外翘，如图 3－5 所示。

图 3－4　男警两手前腹式站姿

图 3－5　女警两手前腹式站姿

（3）两腿跨立式。

双脚略微分开，与肩同宽，双手放在后腰处，左手轻握右手手腕处，右手呈半握拳状，如图 3－6 所示。

图 3－6　两腿跨立式站姿

（4）两脚丁字式。

此站姿仅限女性民警使用，要求一脚在前，将前脚脚跟靠于另一脚内侧中间，两脚尖展开 90°，呈斜向丁字形，双手放于身体两侧或者放在腹前，身体重心落在位置靠前的脚上，如图 3－7 所示。

图 3－7　女警两脚丁字式站姿

5. 禁止行为

人民警察在公共场所要注意自身形象，站立时不得背手、袖手、插兜、搭肩、挽臂、揽腰；不得嬉笑打闹、高声喧哗；不得将身体倚靠在物体上，不可双手抱胸或叉腰。

6. 场合运用

在警务活动中，警察的站立姿势应根据不同的场合加以运用，分别为严肃场合和一般场合。

（1）严肃场合：指宣誓、授衔、警卫、升旗、集会、晋见首长、执勤、警戒、站岗等正式、庄重和严谨的场合。在这样的场合中应当按队列要求运用正式的站立姿势，如两手侧放式、两腿跨立式等。

（2）一般场合：指日常公务、外出参观、交流、问询、接待等相对日常和放松的场合。在这样的场合中应当运用亲和力较强的站立姿势，如两手前腹式、两脚丁字式（女）等。一般场合的站姿虽然不像队列要求那样全身绷直，但是也要保持端庄挺拔的姿态，不能歪头晃脑、倚门靠柱、躬身曲背、点头哈腰等，以免给人以乏力、轻薄、不健康的印象，从而有损人民警察的形象。

边学边练

分团队，由队长组织队员完成以下任务：

1. 两人一组间隔两米，面对面站立，按照不同站姿的要领及标准进行训练，若发现对方的问题，及时进行调整，反复进行强化训练。

2. 两人一组，在严肃场合和一般场合中选择不同的场景进行站姿的模拟情景演练，在演练过程中，对出现的问题及时进行调整。

（二）坐姿

案例 3－2

有三位同学参加某单位面试，该单位的人事部门请三位同学一起进入人事部主任办公室入座。当时主任不在，等主任回到办公室，只见一位同学坐在沙发上跷着二郎腿抖腿，另一位双腿伸直分开，身体松懈地斜靠在沙发一角，只有一位同学安静地端坐在椅子上等待面试。人事部主任非常客气地对两位坐在沙发上的同学说：“对不起，你们二位的面试已经结束了，请回吧。”两位同学面面相觑，感到疑惑：面试怎么什么都没问，就结束了？

点评：

坐姿，不仅仅是一种举止，也是一种礼仪行为，良好的坐姿展现的是仪态美、行为美和懂礼仪的个人素质。面试中两位同学被淘汰正是因为忽略了坐姿的重要性，在什么场合该怎么坐，都是有一定的规范要求的。

人民警察的坐姿要求十分严格，坐姿直接体现了人民警察队伍的纪律作风，更体现了人民警察在公众面前的个人职业素养。

1. 基本要求

人民警察坐姿的基本要求是端庄、沉稳，给人一种沉着冷静，办事谨慎、踏实的印象。

2. 基本要领

脊柱拉直，让上半身重心落在坐骨上，肩胛骨下沉，头顶向上顶，腰腹保持一定程度的收紧来维持脊柱的姿势，整个上半身呈拔高状态。如图 3－8 所示。

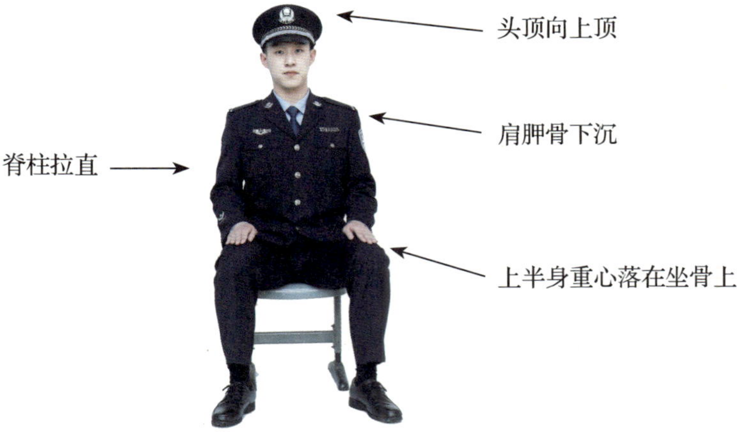

图 3－8　人民警察坐姿的基本要领

3. 视觉效果

从正面看，上身端正，自然挺直，头、肩平正，两眼正视前方，两手自然放在大腿或膝盖上。

从侧面看，两眼平视前方，下颌略收，腰背挺直，坐满椅子的 2/3，宽座沙发则至少坐 1/2，背不靠或稍靠椅背（较长时间），两臂自然弯曲放在大腿或膝盖上。

人民警察坐姿正面和侧面视觉效果如图 3－9 所示。

图 3－9　人民警察坐姿正面和侧面视觉效果

4. 坐姿分类

（1）席地坐。

左小腿和右小腿交叉，两手放在大腿上迅速坐下，上身挺直，双肩正平，两手自然放在两腿膝盖上，如图 3－10 和图 3－11 所示。

图 3－10　男警席地坐坐姿

图 3－11　女警席地坐坐姿

（2）标准式。

上身端正，脊柱拉直，头顶向上顶，肩往下压保持平正，目光平视。男警大腿自然分开，小腿垂直于地面，脚掌略朝外，两手放于大腿上；女警膝盖并拢，小腿垂直于地面，脚尖并拢朝向正前方，两手自然放于大腿或膝盖上。如图 3－12 所示。

图 3－12　标准式坐姿

（3）屈直式。

男警在标准式的基础上，左小腿回屈、前脚掌着地，右脚微微前伸、全脚掌着地，如图 3－13 所示。

女警在标准式的基础上，左小腿回屈、前脚掌着地，右脚微微前伸、全脚掌着地，如图 3－14 所示。

图 3－13　男警屈直式坐姿

图 3－14　女警屈直式坐姿

（4）交叉式。

此姿势仅适合女警，在标准式坐姿的基础上，一只脚后缩，与另一只脚交叉，两踝关节重叠，两脚尖着地，双腿间不留缝隙，两手自然放在大腿上，如图 3－15 所示。

图 3－15　女警交叉式坐姿

（5）记录式。

男警要上体前倾，保持正立，两臂自然放在桌子上，身体离桌沿 10 ～ 20 厘米，上体重心落在骨盆上，两腿自然分开，小腿自然垂直于地面，如图 3－16 所示。

图 3－16　男警记录式坐姿

女警要上体前倾，保持正立，两臂自然放在桌子上，身体离桌沿 10 ～ 20 厘米，上体重心落在骨盆上，两腿并拢，小腿自然垂直于地面，如图 3－17 所示。

图 3－17　女警记录式坐姿

5. 入座、落座、离座要求

（1）入座：从座位左侧入座，走到座位前，右脚后退小半步以触到座位。要讲究入座顺序，如果与他人一起入座，应按照尊者优先的原则，请领导、长者、女士、尊者优先入座。

（2）落座：落座要轻，不慌不忙。在落座的整个过程中，要干净利落，不发出嘈杂的声响，即使是变换坐姿或调整座位也应以避免发出声响为原则。女警穿警裙入座时，要双手在后，从上往下拢住裙边，以显端庄娴静。

（3）离座：离座要自然平稳，右脚向后收半步，保持上身平稳而后站起。若为独立座位，需要从座位的左侧后退到后面并将座位归位，再转身离开，动作要轻而小，避免凳子和地面摩擦发出声响。

6. 禁止行为

人民警察在公务活动和人际交往中，严禁就座后东倒西歪，要避免跷二郎腿、搁腿、分腿过开、O 形腿、抖动腿脚、伸腿过长。亦不可猛然站起或落座，碰到杯子、踢到桌椅而发出刺耳的噪声。

7. 场合运用

坐姿的运用同样有严肃场合和一般场合之分。严肃场合要采取正规坐姿，上体直立，双脚并拢或者略微分开；一般场合可以适当放松，如上身可以适当前倾或后靠，手的位置也可以随意些，但是依然要保持端庄、严谨。

（1）严肃场合：指重要集会、英模报告会、上级汇报、重要谈话等严谨、庄重的场合。在这样的场合中应运用标准式或者记录式坐姿。

（2）一般场合：指日常公务、观看演出、训练示范、队前讲话、一般会议、听讲座、交谈询问等场合。在这些场合中应运用席地坐、屈直式、交叉式（女）或者记录式坐姿。

边学边练

分团队，由队长组织队员完成以下任务：

1. 入座和离座训练。两人一组面对面，按照入座和离座要求进行训练，若发现对方的问题，及时进行调整，反复进行强化训练。

2. 坐姿训练。两人一组面对面，按照不同坐姿的要领及标准进行训练，若发现对方的问题，及时进行调整，反复进行强化训练。

3. 场景训练。两人一组，互相给对方设定不同的场景进行坐姿演练，对出现的问题及时进行调整。

（三）行姿

行姿是立姿的延续，无论是在公务场合还是日常生活中，行走都是一种主要的肢体语言，最能体现一个人的工作作风，展现人民警察的职业风度和修养。

1. 基本要求

人民警察行走的姿势要矫健、匀速，给人以强壮有力、英勇威武的感觉。

2. 基本要领

行走时，髋往上提，肩胛骨下沉，头顶向上顶，脊柱拔高，走路使用腰力，身体重心宜略向前倾，双臂以身体为中心前后自然摆动，手掌朝向内，如图 3－18 所示。行进过程中腰部以上不晃动，胯收紧，整个姿态呈拔高状态。步伐要直，两脚应有节奏地交替踏在虚拟的直线上。男民警步伐频率每分钟约 100 步，女民警步伐频率每分钟约 90 步。脚步要干净利索，有鲜明的节奏感。

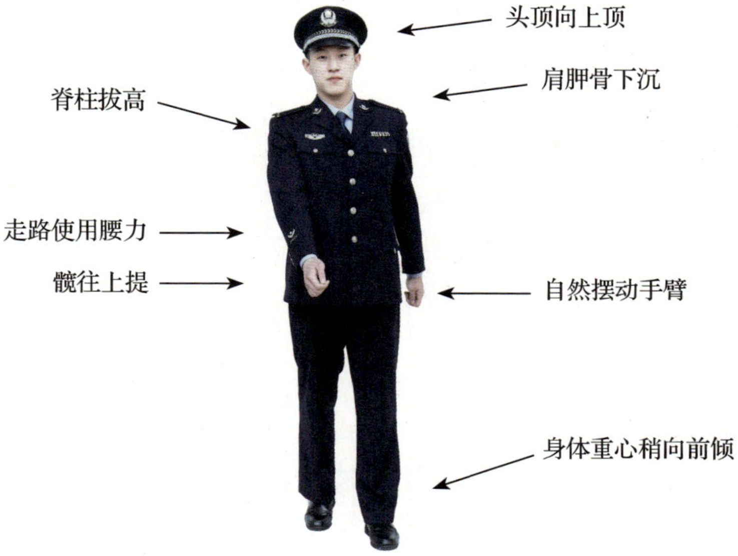

图 3－18　人民警察行姿的基本要领

3. 视觉效果

从正面看，头正目平，两肩持平，挺胸收腹，两手前后自然协调地摆动，两脚正直朝前，两脚尽量踩在同一直线上，步幅适中均匀。

从侧面看，下颌略收，身体挺拔，步幅节奏干净利落、鲜明均匀，两臂放松，手臂与身体的夹角一般在 10°～15°，摆幅 30°～35°；出脚和落脚时，脚尖和脚跟应与前进方向近乎一条直线；男民警步幅约 25 厘米，女民警步幅约 20 厘米。

人民警察行姿正面和侧面视觉效果如图 3－19 所示。

图 3－19　人民警察行姿正面和侧面视觉效果

4. 禁止行为

人民警察在公务活动和社会活动中要注意行走时的形象，避免行走时出现以下情况：

（1）从走路姿态上，严禁行走时低头、背手、袖手、插兜、晃肩、扭臀、摇头晃脑、左顾右盼、步履蹒跚、“外八字步”、“内八字步”、重心后坐或前移等。

（2）在行进过程中，严禁勾肩搭背、挽腰揽臂、边走边吃东西、扇扇子、吸烟、嬉戏打闹、高声喧哗、奔跑蹦跳、大声喊叫。

5. 场合运用

警察行走时一般要以齐步走为基础，同时要注意行进中的姿势与场合相适应。

（1）在室内场合，如进入办公机关、拜访工作对象时，脚步应轻而稳。

（2）在隆重场合，如走进会场、走向话筒、走向宾客等，步伐要稳健、大方。

（3）在室外场合，如办事联络、往来于各部门之间，步伐要快捷、稳重，以体现办事者的高效、干练。

（4）在肃穆场合，如吊丧活动，步速要缓慢，步伐要沉重，步幅要小，给人以忧伤感。

（5）在庆典场合，步态要轻盈、欢快，给人以喜悦感。

（6）在接受检阅时，步伐要雄壮有力、整齐划一，给人以庄严、神圣感。

（7）当两名及以上民警徒步巡逻执勤或着装外出时，应当两人成行、三人成列，行列整齐，威严有序。

边学边练

分团队，由队长组织队员完成以下任务：

1. 行姿训练。6～8人一组，一组分两排间距20米面对面站立，每一排选一人发口令，按照行进要求轮流进行训练，若发现对方的问题，相对应的人员及时进行纠正。

2. 场景训练。6～8人一组，队长设定不同的场景组织队员进行演练，对出现的问题相互纠正。

（四）蹲姿

案例3－3

小王陪同处长参加一个政务活动，她特地穿上了一套得体的西装短裙。到了目的地后，对方前来接待，小王赶紧打开车门，提起右脚跨出车门，但匆忙之间，手提包掉在了地上，小王马上叉开双腿，弯身子去捡，没想到裙子太短，差点“走光”。小王一系列不雅的举止，让处长十分生气，感觉小王不够稳重，有伤大雅。回来后，处长狠狠地批评了小王，并再也不安排小王陪同自己出席类似活动了。

点评:

蹲姿在职业活动中使用相对较少，但它也是一种重要的行为举止礼仪。在大庭广众之下，尤其是身着裙装的女士，一定要避免出现下身毫无遮掩的情况，特别是防止大腿叉开。小王的问题在于不重视蹲姿在职业活动中的重要性，不能恰当地运用合适的蹲姿，破坏了单位及自身形象，给人一种缺乏修养的印象。

蹲姿是坐姿的延续，但是臀部未触及座椅，是人处于静态时的一种特殊体位。人民警察在需要下蹲时，要注重场合和细节，体现出人民警察稳重的职业气质。

1. 基本要求

人民警察在下蹲时，要做到文雅、大方，注意细节，讲礼仪而不粗鄙，给人一种见识广博、大气稳重的感觉。

2. 基本要领

头顶向上顶，肩往下压，左脚在前，右脚在后，两腿向下蹲，左脚全着地，右脚脚后跟提起、脚尖着地，身体重心靠前，两腿合力支撑身体，臀部向下，脊柱保持在一条直线上，如图 3－20 所示。女性应靠紧双腿，男性则可适度将腿分开。

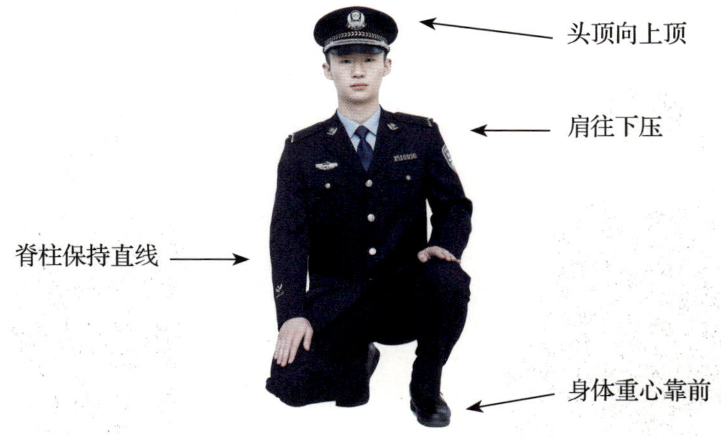

图 3－20　人民警察蹲姿的基本要领

3. 视觉效果

从正面看，上身挺直，两肩持平，双目平视前方，膝盖弯曲，左膝高，右膝低，两手自然放于膝盖上。

从侧面看，身体挺拔，左脚在前，右脚在左脚后一步远的位置，前脚全脚着地，后脚膝盖朝下，脚跟提起。人民警察蹲姿正面和侧面视觉效果如图 3－21 所示。

4. 蹲姿分类

（1）高低式。

男警下蹲时，左脚在前，右脚在后，左脚掌全着地，小腿基本垂直于地面，右脚

图 3－21　人民警察蹲姿正面和侧面视觉效果

前脚掌着地、脚后跟提起，右膝低于左膝，两腿间有适当的距离，两手自然放于两膝上，如图 3－22 所示。

女警下蹲时，左脚在前，右脚在后，左脚掌全着地，右脚前脚掌着地、脚后跟提起，右膝内侧靠于左小腿内侧，形成左膝高、右膝低的姿势，两手自然放于两膝上，如图 3－23 所示。穿警裙时，需要先用双手在后边从上往下把裙子拢一下再蹲下。

图 3－22　男警高低式蹲姿

图 3－23　女警高低式蹲姿

（2）交叉式。

此姿势仅适合女警，如图 3－24 所示。下蹲时右脚在前，左脚在后（如捡身体左侧的东西，则脚的方向相反），右膝盖内侧靠于左膝盖处交叉蹲下，蹲下后右小腿在上，基本垂直于地面，右脚着地，左腿在下、前脚掌着地、脚后跟抬起。左膝由后面伸向右侧，两腿靠紧，合力支撑身体，臀部向下，上身稍前倾。

图 3－24　女警交叉式蹲姿

（3）半跪式。

半跪式蹲姿又叫单跪式，如图 3－25 所示。此姿势仅适合男警，下蹲时右脚平放在地上，小腿略垂直于地面，右腿自然弯曲向右打开约 30°，左脚膝盖点地、脚尖着地、脚后跟翘起，使臀部坐在左脚脚后跟上，左膝向下向右打开约 30°，两手平放在大腿上，指尖与膝盖取齐，两肘紧贴两肋，上身挺直，昂首挺胸，目视前方。

图 3－25　男警半跪式蹲姿

5. 禁止行为

人民警察在公务活动和社会活动中的下蹲姿态，反映了其职业修养，要避免出现下列动作：

（1）捡物品时，弯腰叉腿，臀部向后撅起；

（2）两腿分开，直接平行下蹲；

（3）下蹲时距离他人太近；

（4）下蹲方位失当；

（5）蹲着休息；

（6）下蹲时姿势不雅，无所顾忌；

（7）女性民警穿警裙下蹲时，面对、背对他人。

6. 场合运用

下蹲是人民警察在公务活动和生活中一种不常见的临时性姿态。

在队列训练中，下蹲时一般使用高低式蹲姿，下蹲时间较长时可以采用半跪式蹲姿；在捡拾地面物品、给予别人帮助、整理工作环境等时，男性民警可以采取高低式或者半跪式蹲姿，女性民警可以采用高低式或者交叉式蹲姿。

边学边练

分团队，由队长组织队员完成以下任务：

1. 蹲姿训练。两人一组，由一人发出口令按照高低式、交叉式、半跪式的要求轮流进行蹲姿训练。若发现对方的问题，相对应的人员及时进行纠正。

2. 场景训练。队长发出指令，模拟队列训练、捡东西和与人交谈等场景进行训练，注意提醒学生上身保持直立，不能弯腰驼背。

二、警察职业手势

人民警察在警务活动中会经常运用各种手势去传递各种信号和指令，手势在表达意图和传递信号方面起着重要作用，合乎规范的手势无疑有助于树立良好的职业形象。

在人民警察的职业生涯中，手势的运用是无声的待人之道，其中敬礼和握手运用最广泛。准确规范地运用手势，能进一步增强人们对警察的信任和尊重，而手势运用不当，就会给人以缺乏素养之感。那么，在警务活动中应怎样有效地运用手势，应该注意什么问题呢？

（一）敬礼

敬礼是人民警察在公务活动和社会交往活动中常用的一种手势，主要包括举手礼、注目礼和致意。三种手势通常是根据不同的时间、地点和场合加以运用的，有时也可以交替使用。

1. 举手礼

（1）基本要求。

人民警察在致举手礼时，要做到干净、利落、简洁、敏捷，不拖泥带水，整齐、有条理。

（2）基本要领。

警装整齐，呈立正姿势；右臂向外抬起，与身体呈90°，肘部向内弯曲，腕部伸直，右手五指并拢、伸平，大臂带动小臂，从右胸前迅速抬起，上举至头部右侧帽檐根部，手心朝下偏前方，如图3－26所示。礼毕时，将右手按原路线迅速收回。敬礼时，双目平视前方或注视受礼人，保持约3秒钟。

图 3－26　举手礼

2. 注目礼

（1）基本要求。

人民警察行注目礼时，要做到有神、专注，眼睛里要焕发出光彩，集中注意力，给人以神采奕奕的感觉。

（2）基本要领。

眉宇舒展，神情专注，呈立正姿势，目光随受礼者移动，时间视情况而定。

3. 致意

（1）基本要求。

人民警察向他人致意时，要友好、主动，对人要亲近友善，不待外力推动而行动，形成有利局面，使情势按照自己的意图发展。

（2）基本要领。

轻举手：在距离相对较远的公共场合遇到相识的人，可抬起右臂，向前方伸直或轻轻挥手。

微点头：在一些不便交谈的场合，可微微点一下头，上体向前倾 15° 左右以致意。点头者应看着对方，面带微笑。如遇一人面对多人，可以分别向左右微微点头致意。

4. 场合运用

（1）一般场合。

1）下级见上级领导时，着警服的民警应行举手礼；因携带武器装备或者需要执行任务而不便行举手礼时，应行注目礼。着便服行握手礼时，必须先致举手礼，再行握手礼。

2）下级向上级行举手礼后，上级应还礼。

3）民警在交接岗时，应当互相致举手礼；不同单位的民警因公接触时，应主动致意。

4）民警在外事活动场合与外宾接触时，应当主动致意。

5）民警在办公时，若遇本单位领导到来，应当起立致意，待领导示意后坐下。

6）民警因公与非警务人员接触时，应当主动致意；纠正违法、违章、违规行为时，应先行举手礼。

（2）参加庆典、集会、升国旗时敬礼。

1）着警服列队的民警应自行立正、行注目礼，带队人员应当行举手礼；未列队的民警着警服时行举手礼，着便服时行注目礼。

2）奏、唱国歌时，应自行立正。

（3）行进间敬礼。

1）单个民警行进中遇本单位领导时，采用行进间敬礼的方式行举手礼。

2）多个民警列队行进中遇本单位领导时，由带队民警或者队伍中的第一名民警采用行进间敬礼的方式行举手礼。

3）两列民警在列队行进中相遇时，由带队民警或者队伍中的第一名民警，采用行进间敬礼的方式互敬举手礼。

（4）行进中遇上级领导、来宾时敬礼。

1）单个民警行进中遇本单位领导陪同上级领导和来宾时，自行立正，并行举手礼，待领导和来宾通过后继续行进。

2）多个民警列队行进中遇本单位领导陪同上级领导和来宾时，由带队民警或者队伍中的第一名民警下达立定口令，并行举手礼，待领导和来宾通过后下达齐步走口令继续行进。

3）民警带押犯罪嫌疑人或者罪犯遇本单位领导陪同上级领导和来宾时，应当下达立定和转向指令，在犯罪嫌疑人或者罪犯背向领导和来宾后，向领导和来宾致举手礼，待领导和来宾通过后下达指令继续行进。

（5）工作现场遇领导、来宾时敬礼。

1）单个处于立姿的民警应当自行立正，并致举手礼，处于坐姿的民警应当自行起立，并致举手礼。

2）在民警集体学习、训练、办公等现场，由在场职位最高的民警或先见到领导和来宾的民警发出起立或者立正口令，由下达口令者致举手礼。

3）在犯罪嫌疑人或罪犯学习、操练、检讨会等现场，由组织民警下达起立或者立正口令并致举手礼，待领导和来宾经过后下达指令继续。

边学边练

分团队，由队长组织队员完成以下任务：

1. 两人一组，面对面站立，按照敬礼要求和要领进行训练，若发现对方的问题，及时进行调整，反复进行强化训练。

2. 场景训练。两人一组，互相给对方设定不同的场景进行演练，对出现的问题及时进行调整。

（二）握手

案例 3－4

在一次迎接某省考察团到访的任务中，因小李与考察团团长熟识，所以由他陪同部门领导前往机场迎接贵宾。当考察团团长率领其他人员到达后，小李面带微笑、热情地走上前，先于部门领导伸出右手，想与考察团团长握手致意。小李旁边的领导立即面露不悦，而考察团团长这时也将手放下，小李只好尴尬地收回自己的手。

点评：

握手是最简单的一种礼仪，但它也最能代表个人形象，为了树立一个好的形象，熟悉并掌握握手的礼仪是很重要的。小李在握手过程中没有按照礼仪要求去规范自己的行为，才会出现尴尬的场面。恰当的握手礼仪能够让人产生好感，使人感到舒适和亲切，从而增强交往的意愿。

握手是人民警察在正式场合或者非正式场合中向别人表达敬意或问候的一种无声的语言，握手的先后顺序、力量、时长、姿态都可以反映个人的情绪和教养，不同的握手方式，也会给人以不同的心理感受。从执法和人际交往的角度来讲，人民警察应当了解握手的基本礼仪，避免在工作中给他人带来误会和困扰。

1. 基本要求

人民警察握手要真诚、规范，要发自内心、坦诚相待，握手的姿势要符合明文规定或约定俗成的标准。

2. 基本要领

双腿立正，身体微微前倾，平视对方眼睛，保持微笑，与对方保持 1 米之距，伸出右手四指并拢，虎口打开，如图 3－27 所示。握住对方的手后轻晃 2 ～ 3 下，力量适中，握手的时间为 2 ～ 3 秒。

图 3－27　握手

3. 握手的种类

（1）单手相握。

一是“平等式握手”，以右手单手与人相握，是最常用的握手方式。单手与人相握时，手心相对，手掌垂直于地面，表示尊重与平等，如图 3－28 所示。二是“友善式握手”，与人握手时掌心向上，表示自己谦虚与恭敬。三是“控制式握手”，与人握手时掌心向下，表示自己感觉甚佳，自高自大。

图 3－28　单手相握

（2）双手相握。

一是“手套式握手”，即用右手握住对方右手后，再以左手握住对方右手的手背，如图 3－29 所示。这种握手方式适用于老朋友相见或者表达自己强烈的感激之情，不适用于初识者与异性，因为它有可能被理解为讨好或失态。二是“手臂式握手”，即右手握住对方右手后，左手握住对方右手手腕或手臂，或者按住或拥住对方左肩，如图 3－30 所示。这些握手方式除非是面对至交，否则要慎用。

图 3－29　手套式握手

图 3－30　手臂式握手

4. 握手的顺序

握手时要遵守以下顺序：

（1）上级和下级见面，由上级先伸手。

（2）年长者和年幼者见面，由年长者先伸手。

（3）男士和女士见面，由女士先伸手。

（4）迎接或宴请宾客时，由主人先向客人伸手，表示“欢迎”；客人告辞时由客人先伸手表示“再见”。

（5）已婚者和未婚者见面，由已婚者先伸手。

（6）朋友、平辈见面，谁伸手快谁更为有礼。

（7）在公务场合中，握手的先后顺序主要考虑职务、身份；在社交休闲场合则主要考虑年龄、性别、婚否。

5. 握手的基本礼仪

正式场合下握手应注意以下基本礼仪：

（1）握手时，握力、握距要适中，同时，身体前倾并可点头致意。

（2）人民警察戴警帽与对方握手时，应先敬礼，然后再握手。

（3）与女士握手，一般握手指部分即可，不能握得太紧，握的时间也不能太久。如果女方不伸手，男方可点头或鞠躬致意。

（4）握手时力度要适中，太轻给人以轻视对方的感觉，太重则有失礼貌。

（5）握手时神态应当专注，热情、友好、自然地注视对方，微笑致意，熟人之间也可以一边握手一边互致问候。

（6）需要和多人握手时，应该等一组握完，另一组人再握，要避免交叉握手。

无论谁先伸手，如果对方忽略了握手的顺序，都应该看作是友好的，应马上伸手相握。如果有手疾或者手脏，则应说明原因。

6. 禁止行为

与他人握手时，要注意以下禁止行为：

（1）与人握手时，眼神不专注，东张西望，敷衍了事，漫不经心，傲慢冷淡。

（2）无特殊情况坐着与人握手。

（3）握手时，一只手插在口袋里。

（4）与女士握手时，双手满握。

（5）伸出左手与他人相握，戴手套或者墨镜与人相握。

（6）用力过猛，上下左右不停摇晃或长时间不放手。

（7）拒绝和他人握手。

边学边练

分团队，由队长组织队员完成以下任务：

1. 握手训练。两人一组，面对面站立，按照握手的要求进行训练，若发现对方的问题，及时进行调整，反复进行强化训练。

2. 场景训练。两人一组，面对面站立，按照不同的身份和场景进行模拟训练，若发现对方的问题，及时进行调整，反复进行强化训练。

（三）其他手势

1. 基本要求

人民警察在运用其他手势时要尽量做到简洁、标准，不要有其他多余的动作。

2. 具体要求

（1）简洁：手势动作干净利落，直曲有度，动作和动作之间直线连接。

（2）准确：动作准确，能让对方看懂所表达的意图。避免含混不清、模棱两可。

（3）规范：手掌的上界不要超过对方的眼睛，下界不要低于自己的臀。动作合乎惯例，有约定俗成的标准的动作不要乱用，避免引起误会。

（4）适度：手势幅度、力度、速度适中，动作不宜夸张，次数不宜过多，要有所节制，滥用手势会让人反感。

3. 类别及要领

其他手势根据不同的运用范围，主要分为以下三大类：

（1）指示性手势。

1）有请：五指自然伸直并拢，将手从体侧或腹前（叠放于腹前）直接划向指示方向，如图 3－31 所示。这时应五指并拢，掌心 45°左右倾斜向上，大臂与上体的夹角在 30°左右，手肘的夹角在 90°到 120°之间。

图 3－31　有请手势

2）指引方向：五指自然伸直并拢，屈肘由体侧或腹前（叠放于腹前）抬起，手臂的方向与所指方向一致，大小臂弯曲 140°左右，手掌与地面基本成 45°，再向要行进的方向伸出前臂，身体、眼睛要兼顾所指方向和对方，如图 3－32 所示。

图 3－32　指引方向手势

3）引领就座：五指自然伸直并拢，根据方位，由体侧向体前摆动，手臂高度在胸下或者手臂由上向斜下摆动指向座位，如图 3－33 所示。如遇多人，双手从腹前（叠放于腹前）或者体侧抬至胸部或者以下，手心斜向上，大臂与上体的夹角小于 90°。

图 3－33　引领就座手势

（2）象征性手势。

1）鼓掌：鼓掌是表示欢迎、欢送、祝贺和鼓励的肢体语言。鼓掌时用右手掌轻拍左手掌的掌心，要恰到好处，节奏平稳，轻重适中，如图 3－34 所示。若戴有手套，鼓掌时应当取下。值得一提的是，在欣赏音乐会与话剧等现场表演的过程中，不鼓掌已经成为一种约定俗成的礼节，表演结束后，指挥与演员一般都会转身鞠躬谢幕，此时就可以纵情鼓掌、喝彩来表示对表演者的感谢。

图 3－34　鼓掌手势

2）举手：在提问、回应或需要表达自己的意见时需使用举手手势。其要领是：右手五指并拢，手臂轻缓地由下而上，向右侧上方伸出，掌心朝前，指尖指向上方，手臂略有弯曲，如图 3－35 所示。注意：手臂不要左右来回摆动。

图 3－35　举手手势

3）告别：身体站直，不要摇晃和走动。掌心向外，指尖朝上，如图 3－36 所示。单手臂时向左右挥动，双手臂时两手同时由外侧向内侧挥动，不要上下摇动或举而不动。

图 3－36　告别手势

（3）形象性手势。

1）递物：以双手为宜，不方便使用双手时，要使用右手，使用左手递物通常被视为无礼；将有文字的物品递交他人时，应使文字正向面对对方；将尖锐容易伤人的物品如刀、叉等递交他人时，要掉转方向，切勿以尖、刃直指对方；递送瓶装水或酒时，应当使商标朝向他人，左手托瓶底，右手拿瓶颈距瓶口三分之一处。如图 3－37 所示。

图 3－37　递物手势

2）展示：根据人数的多少和距离的远近确定高度，但不低于胸部。展示的物品一般情况下用双手举于胸前，如果人多或距离远也可以双手上举略高于眼睛，或者双手举于右肩前方，尽量让他人看清展示之物，同时露出展示者双眼，如图 3－38 所示。

图 3－38　展示手势

3）夸奖：右手大拇指指尖向上，其余四指握拳，大拇指指腹面向被称赞者，手与小臂伸出后高于腰部，如图 3－39 所示。

图 3－39　夸奖手势

4. 禁止行为

手势是人民警察在公务活动和社会交往中的重要肢体语言，下列情形应当禁止：

（1）与人交往时不尊重人的动作，如用一个手指指指点点；把手插在衣兜里；两手交叉抱臂于胸前；敲打桌面，显得不耐烦；叉腰，显得不屑；手势过多，幅度过大，手舞足蹈等。

（2）个人缺乏素养的动作，如在公共场合挠头皮、抓耳挠腮、剔牙、抠眼屎、挖鼻孔、咬指甲、挠痒痒等。

5. 延伸提醒

案例 3－5

一位美国工程师被公司派往法国分公司工作。其间，他和一位法国工程师在一部机器上并肩作战。当这个美国工程师提出改善新机器的建议时，法国工程师表示同意，并向美国工程师询问自己做得是否正确。这个美国工程师习惯性地用美国的“OK”手势给以回答，结果那位法国工程师放下工具就走开了，并拒绝和这位美国工程师进一步交流。

点评：

在这个案例中，美国工程师想表达的是“很好”“赞赏”的意思，由于地域文化的差异，法国工程师理解为“毫无价值”，感觉受到了轻视从而拒绝合作。同一个手势在不同国家的含义可能大不相同，一些我们认为是正面意思的手势，在其他国家可能就是消极甚至侮辱性的意义。

人民警察在公务活动和社会交往中，要根据各国语言和文化习俗的不同，恰当地使用手势。在工作中要注意，在使用手势时要尊重交往对象的习惯。只有了解手势在不同国家代表的不同含义，才不会造成不必要的误会，下面就一些常用的可能会出现歧义的手势予以介绍。

你能说出图 3－40、图 3－41、图 3－42、图 3－43 所示的 4 种手势的含义吗？

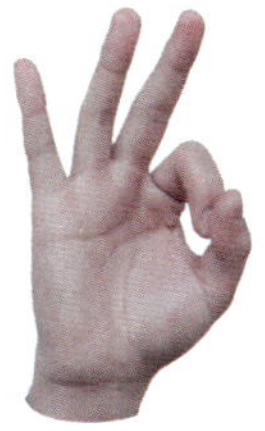

图 3－40　OK 手势

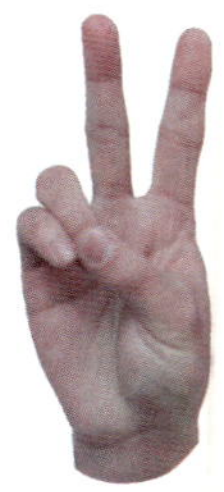

图 3－41　V 手势

图 3-42　竖食指手势

图 3-43　竖大拇指手势

（1）OK 手势。

1）正面意思：

美国：表示“同意”“了不起”“顺利”“赞赏”等。

印度：表示“正确”。

泰国：表示“没问题”。

日本、缅甸、韩国：表示“金钱”，日本还表示“明白了”。

2）反面意思：

法国：表示“零”或“毫无价值”。

巴西：表示“引诱”或“侮辱”。

突尼斯：表示“傻瓜”或“无用”。

印度尼西亚：表示“什么也干不了”或“不成功”。

（2）V 手势。

食指和中指分开竖起。

1）正面意思：

欧美：表示“胜利”和“成功”。

2）反面意思：

英国：手心向外的 V 手势表示“胜利”，而手背向外的 V 手势则含有侮辱人的意思。

（3）竖食指手势。

食指向上伸出，其他四指自然握紧。

1）正面意思：

日本、韩国：表示“只有一次”或“一个”。

法国：表示“请求，提出问题”。

缅甸：表示“请求”，有时还有“拜托”之意。

新加坡：表示“最重要”。

澳大利亚：表示“请再来一杯啤酒”。

2）反面意思：

中国：来回摇动表示“不”的意思。

（4）竖大拇指手势。

垂直竖起大拇指，其他四指紧握。

1）正面意思：

中国：表示夸奖、赞美之意。

英国、美国、南非、新加坡：表示“好”“可以”“不错”，还有想搭车的意思。

日本：表示“您的父亲”“男人”。

2）反面意思：

澳大利亚、新西兰：如果把拇指用力挺直，则表示骂人的意思。

希腊：有挑衅的意味。

边学边练

分团队，由队长组织队员完成以下任务：

1. 手势训练。两人一组，面对面站立，按照有请、引领、指引、鼓掌、举手、告别等手势的要求进行训练，若发现对方的问题，及时进行调整，反复进行强化训练。

2. 场景训练。两人一组，面对面站立，按照不同的场景自行编排手势语进行表演，若发现对方的问题，及时进行调整，反复进行强化训练。

三、警察职业语言

语言是个人形象要素中必不可少的一部分，人民警察在职业活动中需要掌握相关语言要求，按照礼仪规范，运用恰当的语言与同事、领导和社会公众进行沟通与交流，提高工作效率，以赢得领导和同事的肯定与公众的认可。

情景模拟

某省公安厅厅长、副厅长和厅长助理一行三人应邀到省警官学校参加活动，在警官学校门口等待的是警官学校校长、副校长和礼宾工作人员。

思考并模拟：双方见面时，应该由谁先说话，说什么？请同学们进行模拟示范。

那么，应该怎样运用合乎规范的语言，树立人民警察队伍的良好形象呢？下面我们就对警察职业语言礼仪规范进行学习。

（一）称呼

1. 基本要求

人民警察在使用称呼时，要严谨、有序，态度谨慎，考虑细致、周全，按照一定的规则和顺序与人沟通。

2. 基本方式

（1）职务性称呼。

这类称呼主要用于有职务的人，级别不同，称谓不同，讲究“尊卑有序、长幼有序”，从而体现出人民警察良好的道德素养。职务性称呼主要有以下几种：

1）在职务之前加上姓氏，如“马队长”“张局长”“王处长”等。

2）在相对轻松的环境下，可用姓氏加级别，如“马队”“张局”“王处”等。

3）在极其正式的场合，在准确的职务之前加上姓名，如“马红星大队长”“张晓峰副局长”“王平副处长”等。

（2）姓名性称呼。

这类称呼主要用于人民警察在实际工作中与同事、熟人之间的交往。姓名性称呼主要有以下几种：

1）直呼姓名，适合称呼同辈人。

2）只称呼姓，根据年龄再加上相应的前缀或后缀，如“老马”“小张”“王姐”等。

3）只呼名，不呼姓，主要用于同姓者之间位尊者对位低者的称呼，如“红星”“晓峰”等。

边学边练

分团队，由队长组织队员完成以下任务：

1. 角色训练。两人一组，面对面站立，按照领导、同事、熟人、服务对象等不同角色进行称呼训练，训练时注意礼貌礼节要求，若发现对方的问题，及时进行调整，反复进行强化训练。

2. 场景训练。6～8人为一组，轮流按照不同的场景进行集体训练，注意称呼时的顺序和要求，若发现问题，及时进行调整，反复进行强化训练。

（二）介绍

介绍和被介绍在职业活动中是常见且重要的一环，也是有规则可循的。特别是对于人民警察来说，经常需要和各类人员打交道，了解了这些礼节就能帮助其更好地进行公务活动。

情景模拟

李云和朋友张波一起去听王教授的校内公开讲座。张波对讲座内容很感兴趣，想与王教授做进一步的交流。由于王教授曾经给李云所在的班级上过课，认识李云，因此张波想让李云在讲座结束后把自己介绍给王教授。

思考并模拟：如果你是李云，你会怎样介绍他们认识呢？请同学们进行模拟示范。

介绍是人民警察在警务工作中常用的一种交流方式，是与他人进行沟通的出发点，正确进行介绍，可以拉近人与人之间的距离，有助于展示自我，减少交往中的误会和麻烦。

1. 基本要求

人民警察在进行介绍的时候要自信大方，坦白真诚，不虚伪造作，从而去感染他人。

2. 分类及要求

（1）自我介绍。

人民警察在公务活动和社会交往中，经常需要把自己介绍给对方。

1）自我介绍基本步骤。

先向对方点头致意，得到回应后再向对方介绍自己的姓名、单位、职务等。在正式场合介绍时还应当递上事先准备好的证明自己身份的工作证件。

2）自我介绍三要素。

姓名：要报全名，不可有姓无名，或有名无姓。为增强别人的记忆，有时可以把自己的姓名同名人的姓氏或常用词语相结合，比如，姓名为“邓红”，就可以介绍为“邓小平的‘邓’，红旗的‘红’”。

单位和部门：必要时单位和部门最好全部报出，有时候具体部门可不报。

职务：介绍自己承担的职务或从事的具体工作。

3）自我介绍顺序。

警察在公务活动中：首先要向对方做自我介绍，表明自己的身份。

警察在社交场合：警察作为主人时，应主动打招呼，先介绍自己；作为客人时，等主人介绍后再做自我介绍，以取得共鸣；没有主客之分，而彼此又不太熟悉时，可以提议大家各自做自我介绍，以方便交流。

4）注意事项。

注意把握时间：时间不宜过长，语言简洁明了，以半分钟为佳，特殊情况下也尽量不要超过三分钟。

用语谦虚真诚：自我介绍时要实事求是，不可夸大其词，语言真诚友善，尽量使用谦语和敬语。

仔细聆听对方的自我介绍：对方做自我介绍时要仔细聆听，记住对方的姓名、职务等，不过分热情，表情态度都自然大方，充满自信，从而增强对方的信任感。

（2）介绍他人。

介绍他人是人民警察在公务活动和社会交往中，通过引见帮助彼此不认识的双方建立关系的一种礼节形式。

1）介绍顺序：

尊者优先，即尊者有优先知情权，也就是先把位卑者介绍给位尊者，具体来说包括以下几种情况：

一是把职位低者介绍给职位高者，适用于正式场合职业相同的人士之间；二是把年轻的介绍给年长的；三是把男士介绍给女士，体现女士优先；四是把非官方人员介绍给官方人员；五是把主人介绍给客人；六是把未婚者介绍给已婚者；七是把后来者介绍给先到者。

总的要求是：要先称呼受尊敬的一方，再将位卑者介绍给位尊者。上述介绍的顺序已为国际所公认，颠倒和混淆它们的顺序，会产生令人不愉快的后果，也可能会引起国际友人的误会。

2）介绍时的礼节：

第一，在被询问是否有意认识某人时，一般情况下不应拒绝，实在不愿意时，则应说明理由，说明时尽量委婉。

第二，介绍时，先称呼尊者，然后再做介绍。要有礼貌地以恰当的手势示意，而不能用手指指点。

第三，语言表达清晰，简洁明了，实事求是，把握分寸，注意介绍时的措辞。

3）被介绍时的礼节：

第一，表现出结识对方的热情，起立或欠身致意。

第二，面含微笑，双目应该注视对方，以示尊重和礼貌。

第三，介绍完毕后，应微笑点头示意或握手致意，握手应依照合乎礼仪的顺序进行。

第四，态度都应谦和、友好、不卑不亢，切忌傲慢无礼或畏畏缩缩。

（3）集体介绍。

集体介绍即在公共场合向多人介绍一人，或者向多人介绍多人的形式。

1）集体介绍的场合：

第一，规模较大的社交聚会，有多方参加，各方可能有多人。

第二，大型的公务活动，参加者不止一方，且各方不止一人。

第三，涉外交往活动，参加活动的宾主双方皆不止一人。

第四，正式的大型宴会，主持人一方人员与来宾均不止一人。

第五，演讲、报告、比赛，参加者不止一人。

第六，会见、会谈，各方参加者不止一人。

第七，婚礼、生日晚会，当事人与来宾双方均不止一人。

第八，举行会议，应邀前来的与会者不止一人。

第九，接待参观、访问者，来宾不止一人。

2）集体介绍的顺序：

第一，先介绍少数。当被介绍的双方地位、身份大致相似时，应先介绍人数较少的一方。

第二，强调地位、身份。若被介绍的双方地位、身份存在差异，即使身份、地位高的一方人数较少或只有一人，也应将其放在尊贵的位置，最后加以介绍。

有时并不需要介绍双方，只需单向介绍，比如在演讲、报告、比赛、会议、会见等场合，往往只需要将主角介绍给广大参加者。

边学边练

分团队，由队长组织队员完成以下任务：

1. 角色训练。两人一组，面对面站立，按照领导、同事、尊者、女士等不同角色进行介绍训练，训练时注意礼貌礼节要求，若发现对方的问题，及时进行调整，反复进行强化训练。

2. 场景训练。6～8人为一组，轮流按照不同的场景进行集体介绍，注意介绍时的顺序和要求，若发现问题，及时进行调整，反复进行强化训练。

（三）报告

1. 基本要求

人民警察在报告时，要注意使用规范的礼貌用语，报告词简洁、明了。

2. 基本方式

（1）接受本单位领导、上级领导、来宾检查指导工作时，应当行举手礼并致报告词。

1）本单位领导检查工作时，由现场职位最高的民警向领导报告，如遇多名领导检查，则向职位最高的领导报告。

2）本单位领导陪同来宾检查指导工作时，由现场职位最高的民警向本单位领导报告，如有多名领导陪同则向职位最高的领导报告。

3）本单位领导陪同上级领导检查工作时，由现场职位最高的民警向职位最高的上级领导报告。

4）本单位领导和上级领导陪同来宾检查工作时，由现场职位最高的民警向职位最高的上级领导报告。

5）集体列队接受或迎接上级领导检查时，由指挥员统一下达（立正）口令后，向职位最高的上级领导报告。

6）报告词模板如下：

职务加“同志”：

某某单位（科室）正在从事某某工作（活动），请您指示。

（报告人）职务加姓名

7）在同一现场内，向领导致一次报告词即可，不重复致报告词。

8）集体列队欢送上级领导和来宾时，由指挥员统一下达立正或敬礼口令，集体行举手礼。

（2）民警听到上级领导呼唤时，应当立正答“到”；回答上级问话时，应当自行立正回答问题；领受上级命令指示后，应当回答“是”。

（3）民警参加会议或重大活动时，指挥员应当先行整队，然后向会议或活动现场职位最高领导行举手礼并致报告词。

1）指挥员民警向职位最高领导致报告词的模板如下：

职务加“同志”：

某某单位（科室）参加某某会议活动人员集合完毕，请您指示。

指挥员　某某

2）待领导示意后，指挥员向参加会议活动的民警下达坐下、稍息指令。

3）会议活动结束前，由指挥员向民警下达起立、立正指令，待领导退场后，自行有序离开。

（4）民警进入领导办公室前，应当先敲门，再喊“报告”，获得允许后方可进入办公室。汇报时应中心明确，要点突出，精神集中，讲究效率。

边学边练

分团队，由队长组织队员完成以下任务：

1. 角色训练。两人一组，分角色按照报告的要求进行训练，训练时注意礼貌礼节要求，若发现对方的问题，及时进行调整，反复进行强化训练。

2. 场景训练。6～8人为一组，轮流按照不同的场景模拟报告，注意报告词的要求，若发现对方的问题，及时进行调整，反复进行强化训练。

（四）表达

1. 基本要求

人民警察在与人交流时，要注意使用礼貌用语，积极倾听、重视反馈，管理好情绪，避免在交流过程中触碰他人的禁忌。

2. 基本方式

（1）使用礼貌用语。

1）人民警察在与人交流时要讲究礼貌，牢记“请字不离口、谢字随身走”，不能因为经常见面就把“早”“您好”“再见”等问候语给忽略掉。

2）在工作中，需要耽误对方时间或者麻烦对方的时候，要考虑对方的感受，可以运用“软垫式言辞 + 拜托语气”，如“不好意思 + 让您久等了”“麻烦您 + 需要您来登记一下”等。

（2）注意表达方式。

1）在表达时，对不同的工作对象要采用不同的语气和规范的语言，以达到预期效果。对上级领导和同事用语要真诚、亲切、表达清楚，对公众讲话要文明、规范、表达准确。

2）要掌握好音量的大小、语速的快慢，切忌与人交流时被不好的情绪所左右。

3）要执行首语普通话制，就是面对群众执行公务的时候，第一句话应当讲普通话。

（3）善于沟通。

1）与人交往时要学会观察，多动脑筋，注意细节，不要以自我为中心，要尊重交往对象，让对方多谈想表达的事情，尽可能多了解他人，让对方能理解你、信任你，从而达成共同协议，最终完成既定目标。

2）非工作必要，要遵循“商务交往五不谈”原则，即不谈论“政治、宗教、机密、低俗、隐私”，以及“私人问题五不问”原则，即不询问“婚姻家庭、收入、年龄、健康、经历”，以免引起他人的反感，给沟通造成障碍。

（4）注意禁忌。

人民警察在与他人的交流中严禁出现以下行为：

1）说话太随意，不注意场合，与人称兄道弟或乱叫外号，在大庭广众之下开玩笑。

2）说话粗鲁、不耐烦，如：“哎，你干吗？”“不知道，不归我管！”“墙上贴着，你自己看啊！”“你问我，我问谁呀！”。

3）对自己的失误或同事间的误会，推卸责任，不主动道歉说明。

4）遇到不能解决的问题时，隐瞒不告或越级上告等。

边学边练

分团队，由队长组织队员完成以下任务：

请将下面的语句转化成恰当的表达方式，由队员独立完成：

你找谁？

管不了，不是我们的事。

走开点。

别啰唆，快点讲！

着什么急，早干什么去了？

是听你的，还是听我的？

我说不行就不行！

少废话，要办就快点。

怎么处理得听我的，谁说也没用。

有本事你去告，告到哪里也得由我解决。

四、警察职业表情

案例 3－6

甲：一个警察嘛应该讲究一点仪表，你看你这个样子！

乙：我怎么啦？

甲：站都没个站相！

乙：我？

甲：要挺胸昂头，你会不会挺胸昂头？就是这身儿衣服不像你的！

乙：您看出来了？

甲：这一看就像穿的别人的衣服嘛！

乙：没错！我出来的时候太着急，随便摸了一件溜出来了，我也没试试合身不合身？

甲：你看，再说你这个看人吧，老像是在偷偷摸摸地看人。

乙：谁？我？我看人是偷偷摸摸的吗？

甲：你看看！

乙：没有呀！

甲：要从眼睛中间看人。

乙：从眼睛中间儿？从这儿？我说从眼睛中间儿可什么都看不清啦！

甲：你看着我！

乙：从眼睛中间儿？

甲：对！你别对眼儿呀，你直视着我别走！直视着我说话！

注：根据小品《警察与小偷》片段改编。

点评：

在职业场合中，面部表情、肢体语言甚至会大过沟通的内容。表情可以反映人的内心世界，是一种重要的交流方式。乙是个小偷，即使他穿上了警察的衣服，从他的表情来看也依然是偷偷摸摸的。

在人民警察的职业活动中，表情是其与他人进行有效沟通的一种重要方式。其中，目光和微笑在面部表情中最为丰富，最具有表现力。人民警察要重视表情的训练，通过规范正确的表情提高工作效率。

（一）目光

目光在人民警察的职业活动中具有很强的交流作用，如震慑、关心、鼓励等，身为警察，要学会按照规范在不同场合、不同情况下，应用不同的目光。

1. 基本要求

人民警察运用目光与人交流时，应自信稳重、善于控制，目光要沉着冷静、收放自如，给人以办事谨慎、为人踏实、值得信任的感觉。

2. 基本方式

（1）PAC 规律。

P 即 Parent，指用家长式的、教训人的目光与人交流，视线是从上到下，打量对方试图找出差错。

A 即 Adult，指用成人的眼光与人交流，相互之间的关系是平等的，视线平视。

C 即 Children，指用小孩的眼光与人交流，目光向上，表示请求或鼓励。

人民警察要根据不同的对象和工作要求，准确定位，使用恰当的目光。

（2）眼睛注视的部位。

人民警察要根据需要，用目光注视对方脸上不同的部位。

1）直视眼睛：给人一种压力感，主要适合震慑时使用。

2）三角区域：是指以两眼连线为底线、额中为顶角形成的三角区。给人一种严肃、认真的感觉，主要适合在询问、交流时使用。

3. 注意事项

人民警察在职业活动中，要始终保持双目自信生辉、炯炯有神，这种目光是充满信心的反映，容易让人产生安全感，从而取得对方的信任；相反，如果左顾右盼、愁眉不展、目光无神或不敢正视对方，会被认为不尊重他人、无能或另有隐情，从而导致对自己不利的结果。因此，警务人员平时要注意目光的锻炼，在工作中恰当运用，这样有助于融洽气氛、交流思想、增进感情、加深印象，从而促进各项工作的顺利开展。

边学边练

分团队，由队长组织队员完成以下任务：

1. 手持镜子单独练习表情，根据目光的要求进行训练，注意不同的目光代表不同的含义。

2. 两人一组，手持镜子，根据 PAC 规律进行训练，训练时设定场景氛围，若发现对方的问题，及时进行调整，反复进行强化训练。

（二）微笑

法国作家雨果说："微笑是阳光，它能消除人们脸上的冬色。"微笑是一个人心情愉悦的表现，也是待人接物的基本礼仪。在警务活动中，微笑是一种工作方法，它能打破僵局，产生巨大的感染力，于无声处化解矛盾和纠纷。微笑是警察的一门工作艺术，能够于无形中拉近与他人的距离。

1. 基本要求

警务人员要根据不同的场景和人物，恰如其分地使用微笑，做到规范得体、真诚友好、真心实意，从而获得他人的信任。

2. 基本方式

（1）微笑的层次。

1）一度微笑：是指嘴角微微翘起，做自然轻度微笑，表示友好态度，如图 3－44 所示。一度微笑适合在警务活动中初次见面时使用。

图 3－44　一度微笑

2）二度微笑：是指嘴角明显上弯，肌肉较明显舒展，表示亲切、温暖，如图 3－45 所示。二度微笑适合作为警务活动中的友谊性微笑。

图 3－45　二度微笑

（2）微笑的训练方法。

1）放松肌肉。肌肉是形成微笑的重要部位，特别是嘴角附近的肌肉。可以通过增强嘴角肌肉的弹性来放松肌肉，最有效的方法就是把嘴尽量张大，使嘴周围的肌肉最大限度地得到拉伸，可以像做操一样 8 个节拍做 6 组。

2）含筷子训练法。这是一种比较传统的训练方法，即用门牙轻轻咬住筷子，然后让嘴角翘起，保持的时间尽量长一点，这个练习过程可以由几秒钟一组慢慢过渡到更长时间。

3）对镜修正笑容。端坐镜前，衣装整洁，保持轻松愉快的心情，使呼吸自然顺畅，然后静心 3 秒钟，开始微笑。注意：双唇轻闭，使嘴角微微翘起，面部肌肉舒展开来。同时注意眼神的配合，展露出眉目舒展的微笑面容。

3. 注意事项

（1）微笑应是发自肺腑、发自内心的笑，应该笑得真诚、适度、合时宜。发自内心的微笑既是一个人自信、真诚、友善、愉快的心态表露，又能营造明朗而富有人情味的气氛。警察发自内心的真诚微笑应是笑到、口到、眼到、心到、意到、神到、情到。

（2）微笑是一种个性化的表情，没有公式化、标准化的规定。微笑要适度、适时、适地，要与周围环境、气氛保持一致，切忌突然用力启动和突然收拢。在公务活动中，要学会控制情绪，不能任其随意表露，以免引起误会，达不到预想的效果。

边学边练

分团队，由队长组织队员完成以下任务：

1. 手持镜子单独进行表情练习，根据微笑的层次用规范的训练方法进行训练，注意要求。

2. 两人一组，训练时设定场景氛围，相互进行演示，若发现对方的问题，及时进行调整，反复进行强化训练。

项目任务书

一、分组

将一个班的学生分为若干个团队，每个团队 5 ～ 8 人。具体步骤如下所述：

1. 通过教师指定或学生自荐或选举产生各团队队长，制定团队章程，明确团队成员和队长的职责和任务。

2. 由队长在课堂上自行联系本班同学，组建自己的团队。各团队成员应男女生合理搭配，同时要充分考虑到团队成员性格倾向、兴趣爱好、语言表达能力、计算机水平、文字表达能力和组织能力等的搭配。

二、分工与安排

1. 队长针对任务进行详细的任务分工和安排，并落实到团队每一个成员，做到团队中每一个成员都清楚团队的任务和自己的职责，然后按照队长的指令开始行动，并确保在规定时间内完成任务。

2. 认真阅读项目任务书所有内容，确认自己需要完成哪些任务（哪些是需要由团队共同完成的任务，哪些是需要自己完成的任务）、如何完成、何时完成，做到有计划、有目的。

注意： 需要由团队共同完成的任务，一定做好规划，听从队长安排，团结一致，协同完成，避免争吵和相互推诿。同时，具体到每一个人做什么任务，明确什么时候完成、由谁负责，一定要合理分工，各尽所能，发挥团队中每一个人的才能。

3. 团队组织到位，分工合作，一定要在规定的时间内完成任务，完成任务过程中要做到有序、有效；同时，填好相关表格，清晰地写好相关任务书，资料完整，讲究逻辑。

注意： 在完成任务过程中，要有效协作，注意安全，保证团队每一个成员的人身安全和财产安全。

4. 若有不清楚的地方请及时与指导教师沟通。

5. 根据任务清单，填写计划安排表（见表 3－1）。

表 3－1　计划安排表

练习编号	任务内容及说明	时间安排	负责及参与人员	备注说明

续表

练习编号	任务内容及说明	时间安排	负责及参与人员	备注说明

三、练习内容

任务 1：站姿训练

根据表 3－2，分组按照站姿分类和基本要领进行练习，将在站姿练习中出现的问题填写到姿势完成情况中，再分别设定严肃场合和一般场合，将场合运用中出现的问题如实填写到场合完成情况中，并针对问题进行纠正练习，最后由队长进行检查后填写巩固情况。

表 3－2　站姿训练表

站姿分类	基本要领	姿势完成情况	场合完成情况	巩固情况
两手侧放式	男、女：两腿并直，脚跟靠拢，脚掌分开呈 V 字形，双手自然垂放在腿部两侧，手指略弯，呈半握拳状。			
两手前腹式	男：双脚可略微分开，与肩部保持同宽，双手相握放在小腹处。 女：两腿并直，脚跟靠拢，脚掌分开呈 V 字形或者丁字步，双手虎口相交叠放于脐下三指处，手指伸直但不要外翘。			
两腿跨立式	男、女：双脚略微分开，与肩同宽，双手放在后腰处，左手轻握右手手腕处，右手呈半握拳状。			
两脚丁字式	女：一脚在前，将前脚脚跟靠于另一脚内侧中间，两脚尖展开 90°，呈斜向丁字形，双手自然轻握，放在腹前，身体重心落在位置靠前的脚上。			

任务 2：坐姿训练

根据表 3－3，分组按照坐姿分类和基本要领进行练习，将在坐姿练习中出现的问题填写到姿势完成情况中，再分别设定严肃场合和一般场合，将场合运用中出现的问题如实填写到场合完成情况中，并针对问题进行纠正练习，最后由队长进行检查后填写巩固情况。

表 3－3　坐姿训练表

坐姿分类	基本要领	姿势完成情况	场合完成情况	巩固情况
席地坐	男、女：左小腿和右小腿交叉，两手放在大腿上迅速坐下，上身挺直，双肩正平，两手自然放在两腿膝盖上。			
标准式	男：上身端正，脊柱拉直，头顶向上顶，肩往下压保持平正，目光平视，大腿自然分开，小腿垂直于地面，脚掌略朝外，两手放于大腿上。 女：上身端正，脊柱拉直，头顶向上顶，肩往下压保持平正，目光平视，膝盖并拢，小腿垂直于地面，脚尖并拢朝向正前方，两手自然放于大腿或膝盖上。			
屈直式	男：在男警标准式的基础上，左小腿回屈、前脚掌着地，右脚微微前伸、全脚掌着地。 女：在女警标准式的基础上，左小腿回屈、前脚掌着地，右脚微微前伸、全脚掌着地。			
交叉式	女：在标准式坐姿的基础上，一只脚后缩，与另一只脚交叉，两踝关节重叠，两脚尖着地，双腿间不留缝隙，两手自然放在大腿上。			
记录式	男：上体前倾，保持正立，两臂自然放在桌子上，身体离桌沿 10～20 厘米，上体重心落在骨盆上，两腿自然分开，小腿自然垂直于地面。 女：上体前倾，保持正立，两臂自然放在桌子上，身体离桌沿 10～20 厘米，上体重心落在骨盆上，两腿并拢，小腿自然垂直于地面。			
入座	从座位左侧入座，走到座位前，右脚后退小半步以触到座位。注意入座顺序。			
落座	落座轻柔和缓。落座要轻，不慌不忙。不发出嘈杂的声响，变换坐姿或调整座位也应以避免发出声响为原则。女性警察穿警裙入座时，要双手在后，从上往下拢住裙边。			
离座	离座要自然平稳，右脚向后收半步，保持上身平稳而后站起。若为独立座位，需要从座位的左侧后退到后面并将座位归位，再转身离开，动作要轻而小，避免凳子和地面摩擦发出声响。			

任务 3：行姿训练

根据表 3－4，分组按照行姿的基本要领进行练习，将在行姿练习中出现的问题填写到姿势完成情况中，再分别设定不同的场合加以运用，将场合运用中出现的问题如实填写到场合完成情况中，并针对问题进行纠正练习，最后由队长进行检查后填写巩固情况。

表 3－4　行姿训练表

行姿要求	基本要领	姿势完成情况	场合完成情况	巩固情况
体态要求	髋往上提，肩胛骨下沉，头顶向上顶，脊柱拔高，走路使用腰力，身体重心宜略向前倾，双臂以身体为中心前后自然摆动手臂，手掌朝向内。			
行进要求	行进过程中腰部以上不晃动，胯收紧，整个姿态呈拔高状态。			
步伐要求	步伐要直，两脚应有节奏地交替踏在虚拟的直线上。男民警步伐频率每分钟约 100 步，女民警步伐频率每分钟约 90 步。脚步要干净利索，有鲜明的节奏感。			

任务 4：蹲姿训练

根据表 3－5，分组按照蹲姿的基本要领进行练习，将在蹲姿练习中出现的问题填写到姿势完成情况中，再分别设定不同的场合加以运用，将场合运用中出现的问题如实填写到场合完成情况中，并针对问题进行纠正练习，最后由队长进行检查后填写巩固情况。

表 3－5　蹲姿训练表

蹲姿分类	基本要领	姿势完成情况	场合完成情况	巩固情况
高低式	男：左脚在前，右脚在后，左脚掌全着地，小腿基本垂直于地面，右脚前脚掌着地、脚后跟提起，右膝低于左膝，两腿间有适当的距离，两手自然放于两膝上。 女：左脚在前，右脚在后，左脚掌全着地，右脚前脚掌着地、脚后跟提起，右膝内侧靠于左小腿内侧，形成左膝高、右膝低的姿势，两手自然放于两膝上。穿警裙时，需要先用双手在后边从上往下把裙子拢一下再蹲下。			

续表

蹲姿分类	基本要领	姿势完成情况	场合完成情况	巩固情况
交叉式	女：下蹲时右脚在前，左脚在后（如捡身体左侧的东西，脚的方向相反），右膝盖内侧靠于左膝盖处交叉蹲下，蹲下后右小腿在上，基本垂直于地面，右脚全脚着地，左腿在下、前脚掌着地、脚后跟抬起。左膝由后面伸向右侧，两腿靠紧，合力支撑身体，臀部向下，上身稍前倾。			
半跪式	男：又叫单跪式。右脚平放在地上，小腿略垂直于地面，右腿自然弯曲向右打开约30°，左脚膝盖点地、脚尖着地、脚后跟翘起，使臀部坐在左脚脚后跟上，左膝向下向右打开约30°，两手平放在大腿上，指尖与膝盖取齐，两肘紧贴两肋，上身挺直，昂首挺胸，目视前方。			

任务5：敬礼训练

根据表3－6，分组按照敬礼的基本要领进行练习，将在敬礼练习中出现的问题填写到姿势完成情况中，再分别设定不同的场合加以运用，将场合运用中出现的问题如实填写到场合完成情况中，并针对问题进行纠正练习，最后由队长进行检查后填写巩固情况。

表3－6　敬礼训练表

敬礼分类	基本要领	姿势完成情况	场合完成情况	巩固情况
举手礼	警装整齐，呈立正姿势；右臂向外抬起，与身体呈90°，肘部向内弯曲，腕部伸直，右手五指并拢、伸平，大臂带动小臂，从右胸前迅速抬起，上举至头部右侧帽檐根部，手心朝下偏前方。礼毕时，将右手按原路线迅速收回。敬礼时双目平视前方或注视受礼人，保持约3秒钟。			
注目礼	眉宇舒展，神情专注，呈立正姿势，目光随受礼者移动，时间视情况而定。			
致意	轻举手：在距离相对较远的公共场合遇到相识的人，可抬起右臂，向前方伸直或轻轻挥手。 微点头：在一些不便交谈的场合，可微微点一下头，上体向前倾15°左右以致意。点头者应看着对方，面带微笑。如遇一人面对多人，可以分别向左右微微点头致意。			

任务6：握手训练

根据表3-7，分组按照握手的基本要领进行练习，将在握手练习中出现的问题填写到姿势完成情况中，再按照握手的先后顺序设定不同的场合加以运用，将场合运用中出现的问题如实填写到场合完成情况中，并针对问题进行纠正练习，最后由队长进行检查后填写巩固情况。

表3-7 握手训练表

握手分类	基本要领	姿势完成情况	场合完成情况	巩固情况
单手相握	平等式握手：以右手单手与人相握，是最常用的握手方式。单手与人相握时，手心相对，手掌垂直于地面，表示尊重与平等。 友善式握手：与人握手时掌心向上，表示谦虚与恭敬。 控制式握手：与人握手时掌心向下，表示自己感觉甚佳，自高自大。			
双手相握	手套式握手：用右手握住对方右手后，再以左手握住对方右手的手背。 手臂式握手：右手握住对方右手后，左手握住对方右手手腕或手臂，或者按住或拥住对方左肩。			

任务7：其他手势训练

根据表3-8，分组按照各手势的基本要领进行练习，将在手势练习中出现的问题填写到姿势完成情况中，再分别设定不同的场合加以运用，将场合运用中出现的问题如实填写到场合完成情况中，并针对问题进行纠正练习，最后由队长进行检查后填写巩固情况。

表3-8 其他手势训练表

手势类别	基本要领	姿势完成情况	场合完成情况	巩固情况
有请	五指自然伸直并拢，将手从体侧或腹前（叠放于腹前）直接划向指示方向。这时应五指并拢，掌心45°左右倾斜向上，大臂与上体的夹角在30°左右，手肘的夹角在90°到120°之间。			
指引方向	五指自然伸直并拢，屈肘由体侧或腹前（叠放于腹前）抬起，手臂的方向与所指方向一致，大小臂弯曲140°左右，手掌与地面基本成45°，再向要行进的方向伸出前臂，身体、眼睛要兼顾所指方向和对方。			

续表

手势类别	基本要领	姿势完成情况	场合完成情况	巩固情况
引领就座	五指自然伸直并拢，根据方位，由体侧向体前摆动，手臂高度在胸下或者手臂由上向斜下摆动指向座位。如遇多人，双手从腹前（叠放于腹前）或者体侧抬至胸部或者以下，手心斜向上，大臂与上体的夹角小于 90°。			
鼓掌	右手掌轻拍左手掌的掌心，要恰到好处，节奏平稳，轻重适中。			
举手	右手五指并拢，手臂轻缓地由下而上，向右侧上方伸出，掌心朝前，指尖指向上方，手臂略有弯曲。注意：手臂不要左右来回摆动。			
告别	身体站直，不要摇晃和走动。掌心向外，指尖朝上，单手臂时向左右挥动，双手臂时两手同时由外侧向内侧挥动，不要上下摇动或举而不动。			
递物	双手为宜，不方便使用双手时，要使用右手；将有文字的物品递交他人时，应将文字正向面对对方；将尖锐容易伤人的物品如刀、叉等递交他人时，要掉转方向，切勿以尖、刃直指对方；递送瓶装水或酒时，应当将商标朝向他人，左手托瓶底，右手拿瓶颈距瓶口三分之一处。			
展示	高度不低于胸部，展示的物品一般情况下用双手举于胸前，如果人多或距离远也可以双手上举略高于眼睛，或者双手举于右肩前方，尽量让他人看清展示之物，同时露出展示者双眼。			
夸奖	右手大拇指指尖向上，其余四指握拳，大拇指指腹面向被称赞者，手与小臂伸出后高于腰部。			

任务 8：称呼训练

根据表 3－9，分组按照称呼的基本要领进行练习，将在称呼练习中出现的问题填写到称呼完成情况中，再分别设定不同的场合加以运用，将场合运用中出现的问题如实填写到场合完成情况中，并针对问题进行纠正练习，最后由队长进行检查后填写巩固情况。

表 3-9　称呼训练表

称呼类别	基本要领	称呼完成情况	场合完成情况	巩固情况
职务性称呼	在职务之前加上姓氏； 在相对轻松的环境下，用姓氏加级别； 在极其正式的场合，在准确的职务之前加上姓名。			
姓名性称呼	直呼姓名； 只称呼姓，根据年龄再加上相应的前缀或后缀，如“老马”； 只呼名，不呼姓。			

任务 9：介绍训练

根据表 3-10，一队为一组，分别介绍自己、他人和进行集体介绍，介绍自己时的流程为：称谓—问候—名字—班级—职务—个性—爱好—特色—祝福—致谢；介绍他人和集体介绍时设定场景，将介绍中出现的问题如实填写到介绍完成情况中，并针对问题进行纠正练习，最后由队长进行检查后填写巩固情况。

表 3-10　介绍训练表

介绍类别	基本要领	介绍完成情况	巩固情况
自我介绍	步骤：先向对方点头致意，得到回应后再向对方介绍自己的姓名、单位、职务等。在正式场合介绍时，还应当递上事先准备好的证明自己身份的工作证件。 三要素：姓名、单位和部门、职务。 顺序：首先向对方做自我介绍，表明自己的身份。		
介绍他人	尊者优先，将位卑者介绍给位尊者。		
集体介绍	被介绍的双方地位、身份大致相似时，先介绍少数； 若被介绍的双方地位、身份存在差异，将位尊者放在最后加以介绍。		

任务 10：报告训练

根据表 3-11，一队为一组，分角色按报告要求进行练习，注意报告词准确，铿锵有力，将报告中出现的问题如实填写到报告完成情况中，并针对问题进行纠正练习，最后由队长进行检查后填写巩固情况。

表 3-11　报告训练表

报告类别	基本要领	报告完成情况	巩固情况
接受本单位领导、上级领导、来宾检查指导工作时	应当行举手礼并致报告词： 职务加“同志”： 某某单位（科室）正在从事某某工作（活动），请您指示。 （报告人）职务加姓名		
民警参加会议或重大活动时	指挥员应当先行整队，然后向会议或活动现场职位最高领导行举手礼并致报告词： 职务加“同志”： 某某单位（科室）参加某某会议活动人员集合完毕，请您指示。 指挥员 某某		

任务 11：表达训练

根据表 3-12，以小组为单位，其中三个人围绕主题展开讨论，另外的人员在旁边观察，讨论时间为 10 分钟，然后由观察人员分别写出他们讨论的具体内容。然后比较不同观察员记录的异同之处，并借此分析口头语言的优劣，加强对交谈技巧的认识。“记录的内容为什么出现偏差”部分由队长填写。操作时注意：多使用谦辞敬语；准确使用礼貌语；音准、音量、语速恰当；顺利、亲和地表达适宜的交谈内容；表情自然；仪态端庄、姿势端正。

表 3-12　表达训练表

选择讨论主题	记录讨论内容	记录的内容为什么出现偏差
怎样才能成为一名合格的人民警察？		
如何处理好同学之间的关系？		
梦想怎样才能照进现实？		

任务 12：目光训练

根据表 3-13，分组按照目光不同的含义，运用不同情绪的目光进行练习，将练习中出现的问题填写到情绪完成情况中，再分别设定不同的场合加以运用，将场合运用中出现的问题如实填写到场合完成情况中，并针对问题进行纠正练习，最后由队长进行检查后填写巩固情况。

表 3－13　目光训练表

目光类别	基本要领	情绪完成情况	场合完成情况	巩固情况
P：Parent	指用家长式的、教训人的目光与人交流，视线从上到下，打量对方试图找出差错。			
A：Adult	指用成人的眼光与人交流，相互之间的关系是平等的，视线平视。			
C：Children	指用小孩的眼光与人交流，目光向上，表示请求或鼓励。			

任务 13：微笑训练

根据表 3－14，分小组根据微笑的基本要领进行练习，注意要由内及外，把练习中出现的问题填写到微笑完成情况中，再分别设定不同的场合加以运用，将场合运用中出现的问题如实填写到场合完成情况中，并针对问题进行纠正练习，最后由队长进行检查后填写巩固情况。

表 3－14　微笑训练表

微笑类别	基本要领	微笑完成情况	场合完成情况	巩固情况
一度微笑	嘴角微微翘起，做自然轻度微笑，表示友好态度，适合在警务活动中初次见面时使用。			
二度微笑	嘴角明显上弯，肌肉较明显舒展，表示亲切、温暖，适合警务活动中的友谊性微笑。			

四、成果评价标准与得分

（一）评价标准

本项目包括 13 个任务，每个任务都有相应的分值，具体评价标准为：

1. 本次项目任务占最后总评成绩的 25%。

2. 任务分工表填写符合要求，具有可操作性，记录详细清晰。

3. 巩固情况由队长完成，其余部分根据填表说明要求填写。填写时要认真记录，按照要求进行分析，并且分析得当、正确、有说服力。

4. 在规定的时间内完成。

5. 教师最后做出整体评价，给出相应分值。

（二）分值分配

将得分填入表 3－15 中。

表 3-15　分值分配表

评分项	具体任务	分值	实际得分
任务 1	站姿训练	10	
任务 2	坐姿训练	10	
任务 3	行姿训练	10	
任务 4	蹲姿训练	10	
任务 5	敬礼训练	10	
任务 6	握手训练	10	
任务 7	其他手势训练	10	
任务 8	称呼训练	5	
任务 9	介绍训练	5	
任务 10	报告训练	5	
任务 11	表达训练	5	
任务 12	目光训练	5	
任务 13	微笑训练	5	
本次项目任务得分 ×20%		100	

模块四

警察公务形象

学习目标

知识目标

1. 知晓人民警察在公务电话接听中语言、表情、动作的运用，熟悉接打电话的流程，了解电话礼仪中的禁忌；

2. 知晓中西方在方位礼仪中的文化差异，熟练掌握人民警察在同行、上下楼梯、乘电梯、乘车、合影中的方位礼仪，做到尊卑有序；

3. 知晓人民警察在桌次排列、宴请、自助餐、工作餐中应当遵循的礼节要求，掌握人民警察餐饮活动中的座次排列礼仪；

4. 知晓人民警察在会议过程中应做的准备工作和注意事项，掌握不同会场主席台座位排列的要求；

5. 知晓人民警察在办公室中对环境的需求以及在人际交往中需要注意的事项，能掌握公文处理和发送邮件的要求。

能力目标

1. 熟练掌握人民警察电话礼仪、方位礼仪、餐饮礼仪、会议礼仪、办公室礼仪的基本要求和要领；

2. 在公务活动中，能恰如其分地运用语言、动作和表情，在不同的工作场景中能做到准确地表情达意；

3. 能运用所学知识，灵活处理公务活动中出现的各类事项，维护人民警察的职业形象。

素养目标

1. 强化个人学习和分组训练，培养学生的自主学习能力和团队协作能力以及职业责任感；

2. 通过理论联系实际，能够在不断地强化训练中，养成学生自律的行为习惯；
3. 养成“爱职业、讲政治、懂规范、守礼仪”的职业素养。

导入案例

公务车司机小李驾驶技术很好，和张科长也很熟。有一次张科长坐公务车出行，其间有人给小李打电话。只见小李一手握着方向盘，一手拿着电话，显得满不在乎，并大声谈论着与公务无关的事情。张科长在小李打电话期间面露不悦，担心交警看见，更怕小李没看见行人或车辆，发生事故。从此以后，张科长再也不坐小李的车了，和小李也渐渐疏远了。

点评：

小李作为公务车司机，首先要有职业态度，开车不能接听电话，更不能谈论与工作无关的内容，要尊重同车人的感受，不能只注意自己的需求，而忽略接电话的时间和场景，给他人造成困扰和担忧。小李违反了接电话的礼仪要求，导致张科长对小李产生了不信任感，从而渐渐和小李疏远。接听电话看起来是一件小事，但是在工作中如果不懂得接听电话的礼仪要求就可能会影响到事业的发展。

在高速发展的现代社会，人民警察作为国家公务人员，在内部沟通交流及对外服务中，需要遵守一定的礼仪标准及原则，以提高服务质量。如果不懂礼貌、礼节，不按礼仪规范去进行社会交往，不仅会损害个人形象，也会对人民警察这个群体的形象造成不良影响。下面我们就从人民警察在公务活动中的电话礼仪、方位礼仪、餐饮礼仪、会议礼仪、办公室礼仪等方面进行学习，这对树立新时期、新风貌、新关系的新型人民警察形象有着重要的意义。

知识充电站

一、电话礼仪

电话礼仪是现代礼仪的基础，是人民警察在公务交往中使用通信工具时必须遵守的礼仪，电话的拨打和接听、电话语言的运用、情绪的强弱等，可以反映出一个人的人品和性格。打电话看起来很容易，有的人觉得对着话筒同对方交谈和当面交谈一样简单，其实不然，打电话大有讲究，它不仅反映了一个人是否具备礼仪素养，也直接影响着警察队伍的形象。因而，掌握正确的打电话方法是非常必要的。

（一）接电话

1. 铃响不过三

接听电话的过程能够反映出一个人待人接物的修养水平。听到电话铃声，不要立刻接听，否则对方可能会因为没有准备而被吓一跳，一般情况下电话铃声响一声大约 3 秒，如果是座机，应响完一声再迅速地拿起听筒，最好在三声之内接听；如果铃声为乐曲，最好在三秒钟后、九秒钟内接听。若长时间无人接听电话，或让对方久等都是很不礼貌的，对方在等待时会怀疑你不在岗或者心不在焉，从而留下不好的印象。尤其是有约在先的电话，约好通话而不接是严重的失礼行为。如果因故未及时接听，则应该在接听后先向对方道歉，如“抱歉！让您久等了”，从而化解对方的怨气。

2. 先问候，再自报家门

接听外部电话时，可以说“您好，这里是 ×× 单位！”；接听内部电话时，可以说“您好，这里是 ×× 部门！”。不可以直接说“喂，喂”或者“你是谁呀？”，这会让对方感觉陌生而疏远，缺少人情味。

3. 声音适中、愉快、亲切

接电话时要保持良好的心情，即使对方看不见你，也可以被你欢快的语调感染，亲切、优美的招呼声，会让对方心情愉悦，使双方对话能顺利展开，给对方留下好的印象。所以在接电话时，声音要清晰、悦耳，吐字要清脆，通话时声音太大、太小都会给别人造成困扰；要微笑着接听电话，让对方感受到你愉悦的情绪。

4. 拒绝时注意礼貌

如果是找自己而又不想接听的电话，可以找个理由告诉对方自己有点急事需要处理，委婉而礼貌地挂断电话。如果电话掉线，要主动回拨。

（二）代接电话

1. 主动代接

如果被呼叫的同事不在，听到电话铃响了以后，应该主动拿起听筒代为接听，这是每个警务人员都应该拥有的态度，也是每个警务人员都应该养成的习惯。

2. 使用礼貌用语

接电话时，要有礼貌，体现警务人员的良好职业素养。可以说“请问您是找 ×× 吗？他 / 她临时有事走开了，需要我代为转达吗？”或“请您稍后再来电话好吗？”。切记不要对打来的电话说“我不知道”，这是一种不负责任的、非常不职业化的表现。

3. 做好记录

代接电话要做好记录，可运用 5W1H 原则，即对原因（何因，Why）、对象（何事，What）、地点（何地，Where）、时间（何时，When）、人员（何人，Who）、方法（何法，How）等六个方面进行记录并完整地转达。

（三）拨打电话

1. 要选好时间

打电话时，尽量避开受话人休息、用餐的时间，而且最好别在节假日打扰对方。工作电话最好在上班时间内打，应尽量选择对方上班 10 分钟后和下班 10 分钟之前，这时对方可以认真听你讲话，不会有匆忙之感。给同学、同事、朋友打电话应在早晨 8 点钟以后、晚上 10 点钟以前，太早或太晚都不适宜，除非有重要的事情需要告知或商量。

2. 要注意地点

私人电话不要在办公室打，要避开同事，在公共空间打电话可能会对他人造成骚扰，非紧急事情尽量不要在公众场所打私人电话。如果确需接打电话，最好用手遮住话筒，这样对别人的影响会小一些。

3. 要注意时长

公务电话应言语简洁、意思明了，避免不必要的闲谈。要把握好通话时间，打电话前最好先想好要讲的内容，以便节约通话时间，不要现想现说“煲电话粥”，通常一次通话应遵循“3 分钟原则”，即不长于 3 分钟。

4. 要用语规范

对方接听后，首先要问候对方，如“您好！请问您是 ×× 吗?”，然后再自报家门，如“我是 ×× 单位 ×× 部门的 ×××”，接着说明所为何事，如“打电话的主要目的是……”，还需要考虑对方处境，如“请问您现在说话可方便?”；谈话结束后要礼貌告别，如“打扰您了，非常感谢！”；请受话人找人或代转时，应说“劳驾”或“麻烦您”，不要认为这是理所应当的。

5. 要注意顺序

工作时间打公务电话一般情况下是先打座机，只有确定对方不在办公室时才打手机。几次拨打对方电话无人接听时，应发短信说明事由并署名，而不是催着对方回电话。利用手机发短信最大的好处是可以做到“零打扰”，特别是对比较忙的领导，可以让其通过短信内容知晓需要解决的事由，同时给予对方是否予以回复的自由。

（四）挂断电话

1. 不宜“越位”

交谈完毕后应等对方先挂电话，一般下级要等上级先挂电话，晚辈要等长辈先挂电话，被叫等主叫先挂电话，不可只管自己讲完就挂断电话。

2. 礼貌挂断

当自己有事不宜长谈，需要挂断电话时，应说明原因，礼貌地告知对方“一有空我马上打电话给您”。

3. 动作轻盈

通话结束后应轻轻放下听筒，不要用力过猛，“喀嚓”一声挂断电话，这是不礼貌、不文明的。

边学边练

任务背景： 一天，某学院信息技术部小李接到软件开发公司技术部张经理打来的电话，张经理想找学院信息技术部主管领导王部长，商量与学院联合开发信息技术软件的相关事宜。恰巧此时王部长外出，张经理简单跟小李说明了来电意图，希望王部长回来后，能给他回个电话。

任务要求：

1. 全班讨论：假如你是小李，你应该按照怎样的公务电话接听流程规范地接听电话？如果你是张经理，你应该怎样规范地打电话？如果你是王部长，你需要按照怎样的礼仪规范地回电话？

2. 小组训练：3 人一组，按照小李、张经理、王部长的角色进行演练，演练时，注意接打电话的礼仪要求，若发现对方的问题，及时进行调整，反复进行强化训练。

3. 全班评议：各团队派代表饰演角色，上台演示，全班评议，指出问题并进行修改。

二、方位礼仪

方位礼仪在不同文化背景下和不同场合是有差异的。警务人员在职业交往中，要能根据不同情况恰当运用方位礼仪，譬如行走时的方位、上下楼梯的先后、电梯的进出、乘车的座位、合影的位置等，注重细节，方能体现出警务人员的素养和见识。

案例 4－1

某学校刘校长带队到派出所参加警校共育活动，所长因临时任务要出差，出发前交代派出所副所长和内勤小强要好好接待，小强把所长的话记在了心上。刘校长一行人到达派出所后，小强热情地跟在刘校长的右边向刘校长介绍派出所的情况，上下楼梯、合影拍照时，小强都紧紧地挨着刘校长，生怕怠慢了客人。校长一行人走后，副所长狠狠地批评了小强，认为他太不懂礼貌。小强感到很委屈，觉得自己累了半天却没有得到领导的肯定。

点评：

小强作为派出所内勤，在对外交往过程中，首先应当把握好自己的身份和角色，然后明确参与者的身份和地位，在接待过程中要懂得根据不同的场景运用恰当的方位礼仪来确定自己的位置，有礼有节，把握好尺度，才能给人留下懂礼知节的印象。

（一）同行礼仪

遵循公共场合以中为尊、以右为尊，安全、方便的原则。如果是两人同行，则位尊者在右边，位卑者在位尊者的左边；如果是主人陪同宾客，则宾客在右边，陪同的主人在宾客的左边；如果是三人同行，则中央高于两侧，位尊者走中间，另外两人按身份高低分别走位尊者的右边和左边；如果是多人同行，则最前方的是长辈或职位较高者，右后方次之，资历较浅者走左后方。

工作人员引领宾客时，应走在宾客的左前方 2 至 3 步，给予简单明确的指引，把宾客让到右后方的恰当位置上，并与客人保持步伐一致。

（二）上下楼梯礼仪

遵循以内侧为尊，安全、省力的原则。如果是宽楼梯，并排同行，同行者应把位尊者请到楼梯内侧靠墙的一边，把安全的位置留给位尊者；如果需要超越前方人员，应从楼梯的外侧行进；如果是相向而行，则需要遵循靠右侧行进的原则。

如果是窄楼梯，上楼梯时应请位尊者先上楼梯，位卑者在下方进行安全保护；下楼梯时则相反，应当位卑者先下楼梯，位尊者在后方，确保上方位尊者的安全。如果男女同行上下楼梯，则男士在前、女士在后，以免引起女士的尴尬。

（三）电梯礼仪

遵循尊者优先、服务第一、安全方便的原则。乘升降电梯时，在没有其他人的情况下，如果是主宾同行，则主人应先进入电梯，按住开的按钮，客人后进入；如果是在单位等候电梯，则应请位尊者先进入电梯。出电梯时，一般要按住开的按钮，请位尊者先出。

如果电梯内有人，无论上下都应请位尊者优先。升降电梯愈靠内侧是愈尊贵的位置。进入电梯后，如有他人，可主动询问去几楼，并帮忙按下。进入电梯后应尽量走到尽头角落处，不要怕按不到楼键，只要轻声请别人帮忙便可。当电梯内人较多时，如果你是最后一个进电梯者，有人出电梯时，应该步出电梯门，腾出空间让后面的人走出来，然后再走回原位。

电梯内只有两个人时，可以聊天。如果人多，则要少说话，因为里面的每个人都在听你说话，话题太“公”不好，太“私”也不好，而且相互之间的距离非常近，说话、举止一定要注意。

如果领导与你一同等电梯，千万记着不要尝试逃避他，要保持镇定，望着他的眼睛向他问好，只要全程保持微笑即可。

（四）乘车礼仪

遵循区别对待，安全、方便的原则。上车时要扶着门，把身体放低，如果是靠门的座位，则臀部先进，随后将双腿轻轻移进车子；如果是靠里的位子，则将臀部压低朝下，切忌低着头、躬着背、臀部抬起对着他人钻进车里，特别是女士穿裙子时要注意优雅地上下车，不要走光。

下车时，如果是靠车门的位子，则先伸出一只脚站稳后，身体慢慢站起，臀部后出；如果是靠里的位子，则先移动到靠车门的位子，再伸出一只脚站稳后，身体慢慢站起，臀部后出。错误的姿势是先伸出头，十分艰难地从车里钻出来。倘若条件允许，应请尊长、女士、来宾先上车、后下车。

对于领导的乘车位置，没有一成不变的规定，要视情况而定。因为座次礼仪就是为了体现尊卑有序，各归其位，是为了体现对位尊者的尊重，顺从位尊者的个人意愿会比坚持礼仪规范本身更为重要。所以，有的时候，礼仪是可以根据位尊者的需求变通运用的。

1. 双排五座轿车

（1）专职司机开车。

领导一般坐在后排的右座，这个位置靠近非行车道，方便领导上下车，也方便对方接送。身份次之的位置就是司机后面的位置，即领导左手边的位置，如图 4－1 所示。前排的副驾驶位为工作人员座位。

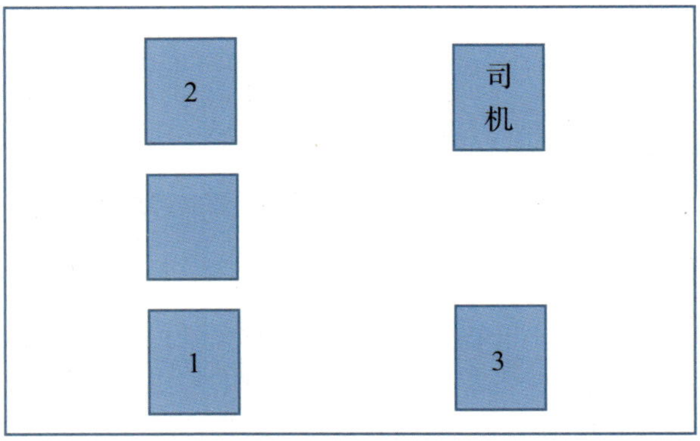

图 4－1　双排五座轿车的座位示意图 1

如果是迎接特别高级别的领导，或者是领导比较注重安全和私密性，可以选择司机后排的座位，特别是走山路或者高速路时那个位置比较安全，同时由于被前排和右侧的位置所遮挡，相对来说私密性会比较强。如有陪同领导则坐在副驾驶的后排位置，即领导的右手边，如图 4－2 所示。工作人员坐在前排的副驾驶位。

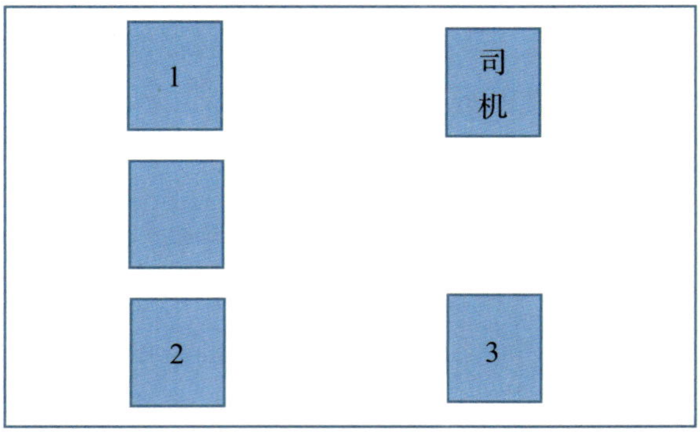

图 4－2　双排五座轿车的座位示意图 2

若领导因为体型比较大或者喜欢开阔的视野等原因，习惯坐在前排的副驾驶位置上，则不必非要求领导坐在后排。礼宾人员在迎接时，应该率先打开副驾驶的车门迎接。陪同领导则应坐在司机后面的座位上，方便与领导交谈。工作人员坐在副驾驶位的后面，方便快速下车为领导服务。如图 4－3 所示。

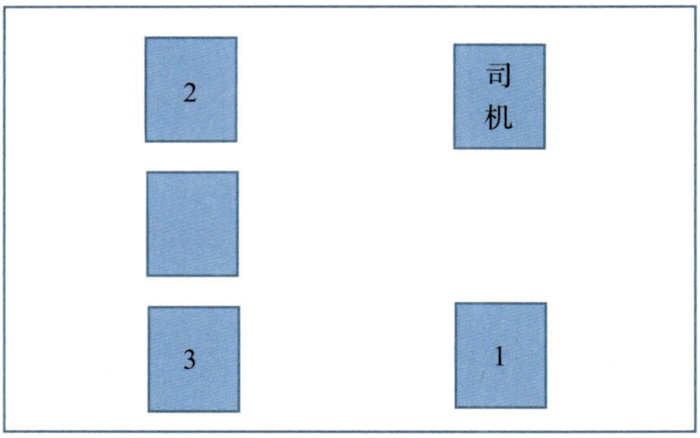

图 4－3　双排五座轿车的座位示意图 3

这里需要提醒的是，五座车一般情况下只坐包含司机在内的四座，也就是后排只安排司机后面和副驾驶后面的座位，后排中间的位置无特殊情况不安排人员就座，否则会显得拥挤而给领导造成不便。

（2）领导自己开车。

当领导自己开车时，陪同领导应当坐在副驾驶座位上，方便与领导交流，如图 4－4 所示。工作人员则坐在副驾驶位的后面，方便快速下车为领导服务。

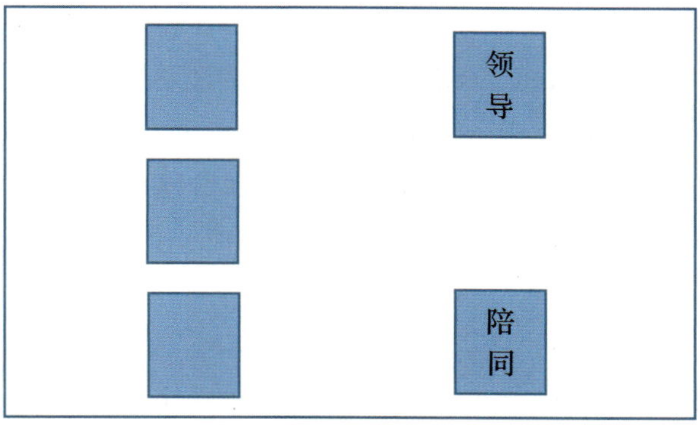

图 4－4　双排五座轿车的座位示意图 4

2. 三排七座商务车

三排七座商务车的第二排一般只有两个位置。最尊贵的位置是第二排司机后面的位置，其次是第二排副驾驶后面的位置，如图 4－5 所示。工作人员应坐在副驾驶的位置上。最后一排坐其他人员，级别低于中间一排，最后一排的人应该先上车、最后下车。

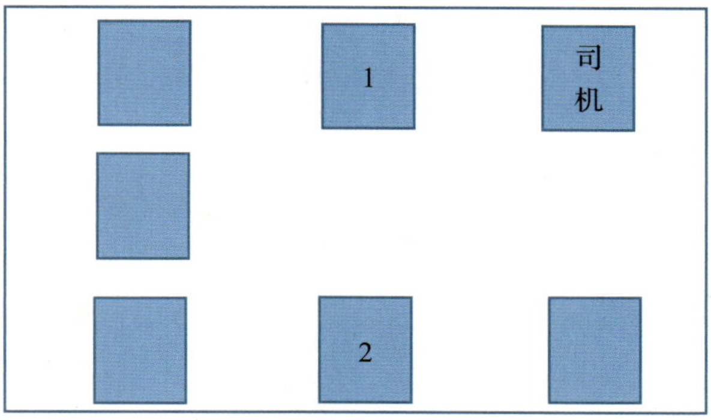

图 4－5　三排七座商务车的座位示意图

3. 中型面包车

中型面包车的位置不仅要考虑方便，还要考虑安全。上下车门正对的座位虽然方便，但是不安全，所以后一排靠窗的座位才是最尊贵的位置；如果面包车将座位改装成了桌子，那么桌子后面的位置就是最尊贵的位置。如图 4－6 所示。

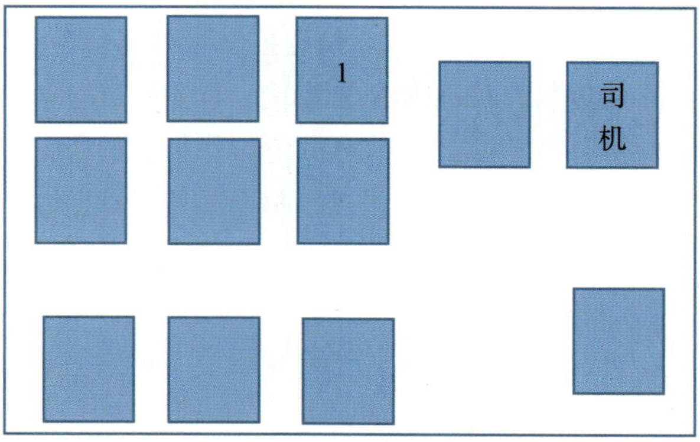

图 4－6　中型面包车的座位示意图

4. 大巴车

大巴车的车门一般对着司机，所以最尊贵的位置就在司机后面第一排靠窗的位置，如图 4－7 所示。这个位置既安全，上下车方便，视线也好。如果有来宾陪同，座位应当在大巴车右侧第一排。大巴车的座位从前往后尊贵程度依次降低。所以，年轻人、位卑者应当先上，从车的末端座位开始依次朝前就座，把前面的位置留给位尊者以及老人、妇女和小孩。

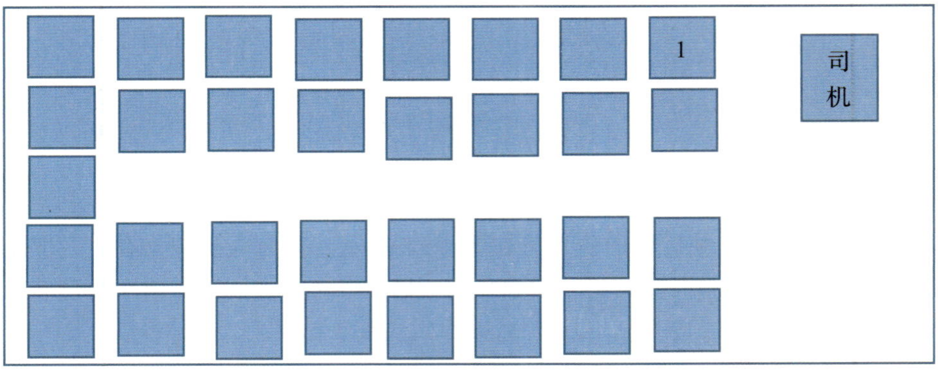

图 4－7　大巴车的座位示意图

5. 高铁、飞机

和位尊者一同出行，一般都是由位卑者给位尊者购买高铁或者飞机票。虽然高铁票或者飞机票有明确的座次，但是如果自己的座位靠窗或者更加方便和宽敞，在不影响他人的情况下可以征求位尊者的意见和自己的座位进行调换，以体现对位尊者的尊重。

（五）合影礼仪

合影的总体原则是：国内尊左，国际尊右；政务尊左，商务尊右。

1. 国际礼仪

国际上总体来说是以中央为尊，以前排为尊，以右为尊，以客为尊，以靠近主人为尊。

国内商务场合因为属于公众场合，所以遵循国际惯例，也是以右为尊。在官方活动中，除了国内政务会议是以左为尊外，外事活动和宴请也都是以右为尊。比如，我国的领导人在和来访的海外友人合影时，总是会主动居左，让客人居右。

合影时，如果人数为单数，以 7 人合影为例，面对相机 1 号人物在中央为最尊，其他六个位置以 1 号人物为中心按以右为尊的原则排序，2 号人物在 1 号人物的右手边，3 号人物在 1 号人物的左手边，以此类推，尊卑有序。如图 4－8 所示。

6	4	2	1	3	5	7

相机

图 4－8　合影人数为单数（国际）

如果人数为双数，以 6 人合影为例，面对相机 1 号人物在 2 号人物的右手边，即 2 号人物在 1 号人物的左手边，3 号人物在 1 号人物的右手边，其他几个位置以此类推。如图 4－9 所示。

5	3	1	2	4	6

相机

图 4－9　合影人数为双数（国际）

若只有两人合影，面对相机，1 号人物在 2 号人物的右边。如图 4－10 所示。

1	2

相机

图 4－10　合影人数为两人（国际）

若是多位主方和客方人员合影，以客方为尊，面对相机客人在右，主人在左。如图 4－11 所示。

客 5	客 4	客 3	客 2	客 1	主 1	主 2	主 3	主 4	主 5

相机

图 4－11　主方和客方合影 1（国际）

还有一种习惯安排是，面对相机，主人在左，客人在右，同时在最右端安排一位主方陪同人员。如图 4－12 所示。

主 6	客 4	客 3	客 2	客 1	主 1	主 2	主 3	主 4	主 5

相机

图 4－12　主方和客方合影 2（国际）

2. 国内政务礼仪

国内政务礼仪总体来说是以中央为尊，以前排为尊，以左为尊，以客为尊，以靠近主人为尊。

在国内政务场合或者民间一些传统活动中，遵循的是以左为尊。比如，我国领导人在集体合影时，都是以中央为尊、以左为尊。

合影时，如果人数为单数，以 7 人合影为例，面对相机 1 号人物在中央为最尊，其他六个位置以 1 号人物为中心按以左为尊的原则排序，2 号人物在 1 号人物的左手边，3 号人物在 1 号人物的右手边，以此类推，尊卑有序。如图 4 - 13 所示。

7	5	3	1	2	4	6

相机

图 4 - 13　合影人数为单数（国内）

如果人数为双数，以 6 人合影为例，面对相机 1 号和 2 号人物之间为中间位置，2 号人物依然在 1 号人物的左手边，1 号人物在 2 号人物的右手边，3 号人物在 1 号人物的右手边，其他几个位置以此类推。如图 4 - 14 所示。

5	3	1	2	4	6

相机

图 4 - 14　合影人数为双数（国内）

若是多位主方和客方人员合影，以客方为尊，面对相机客人在左，主人在右。如图 4 - 15 所示。

主 5	主 4	主 3	主 2	主 1	客 1	客 2	客 3	客 4	客 5

相机

图 4 - 15　主方和客方合影（国内）

3. 其他注意事项

在正式场合，应该提前安排好合影的位次表，并请领导过目，有不同意见及时解决，避免拍照现场因为位次安排不当而引起尴尬和不悦。若是人多，要站多排，应将前排中间几个重要位置空出，待其他人都站好位置后，再请领导、贵宾登场。拍好照片后，先请领导、贵宾离场，其他人再离开。

边学边练

进行情景模拟训练，人物有办事员、科长和局长，事件是三人一同乘车前往某地参加会议，交通工具分别有五座车、七座车、小型客车、大巴车、高铁。

训练要求：

1. 小组训练。三人一组，分别轮流扮演办事员、科长和局长，模拟在有专职司机开车的情况下怎么安排五座车、七座车、小型客车、大巴车和高铁的座位；如果是局长亲自开车怎么安排五座车的座位。若发现问题，及时进行调整。

2. 全班评议。各组派代表饰演角色，上台演示，全班评议，指出问题进行修改。

三、餐饮礼仪

中国的餐饮文化源远流长，经过古代饮食礼制的继承和发展，逐渐形成了一套约定俗成的饮食进餐礼仪。警务人员在政务宴请接待活动中，要遵循餐饮礼仪要求，不仅要根据主人和来宾的目的和身份来安排座次，还要注意餐饮活动中的习俗和禁忌，运用恰当的礼节彰显警务人员的素养，以赢得对方的认可。

案例 4－2

小李到某知名律师事务所应聘，经过激烈竞争，小李以第一名的专业成绩入围了。这天，事务所合伙人张律师决定请入围的几名应聘者一起用餐。为了和张律师拉近距离，小李抢先找了一个位置挨着张律师坐，席间，为了表达自己的敬意，小李用自己的筷子频频给张律师夹菜，并且不管不顾地给张律师敬酒，要张律师一定喝下才是给自己面子。小李越吃越高兴，越吃越放松，便一而再再而三地减轻自己身上的“负担”。他先是松开自己的领带，接下来又解开领扣，随后又卷起袖管，吞云吐雾地抽起了香烟，尤其令人感到不适的是，在吃东西时，他总是有意无意地咂巴嘴。结果，小李却没等来律师事务所的录取通知。

点评：

有人认为大智不拘小节，可是在社交活动中，有些小节恰恰会暴露出个人礼仪修养上的不足，如果这些小节又正好是对方所重视的，无疑就会给自己的事业设置障碍。在用餐环境下，是否能关注细节，直接体现了个人素养的高低，小李就是因为不注重用餐时的细节问题，才会失去求职的机会。

餐饮礼仪不论是在我国还是在其他国家都有很多讲究，国度不同、地区不同以及宴请的性质不同、目的不同，餐饮礼仪也会有较大的差异。作为一种社交媒介，餐饮礼仪在迎宾送客、聚朋会友、沟通情感等方面起着重要的作用，所以我们要学习职业活动中的餐饮礼仪，避免因不懂礼而造成尴尬，从而体现警务人员的良好素质。

（一）座次排列

座次排列的基本原则是：面门为上，以右为上，以中为上，以远为上，观景为上，靠墙为上。

1. 单主人制宴请

我国多数地方采取的是这种宴请方式，一般采用圆桌形式，每个位置都有不同的含义。一般情况下，正对大门的位置为 1 号位，离 1 号位越近的位置地位越高，相同距离则右侧高于左侧；2 号位置在 1 号位置的右边，3 号位置在 1 号位置的左边，以此类推。如图 4－16 所示。

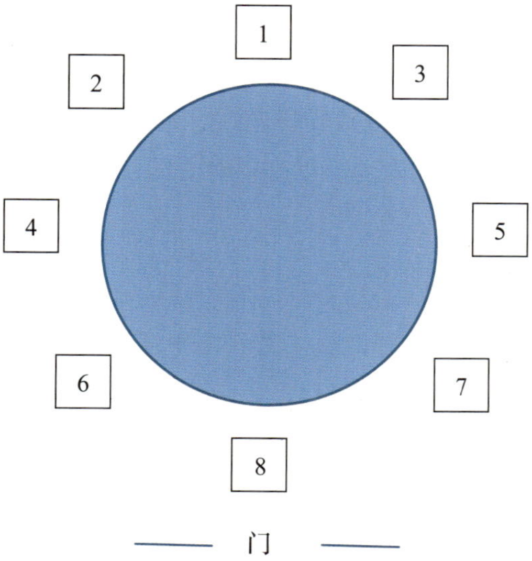

图 4－16　圆桌座次 1

弄清楚座位的尊卑以后，还要看主人和客人的地位，如果主人地位高于客人，主人一般坐 1 号位置，客人根据级别高低分别坐 2 号位置和 3 号位置，以此类推。按理来说，8 号靠门的位置应由职位最低的人就座，但是在实际操作中，8 号位置一般是服务人员的位置，也可能是办公室或者后勤负责接待的主要人员，主要负责点菜、结账等。如图 4－17 所示。

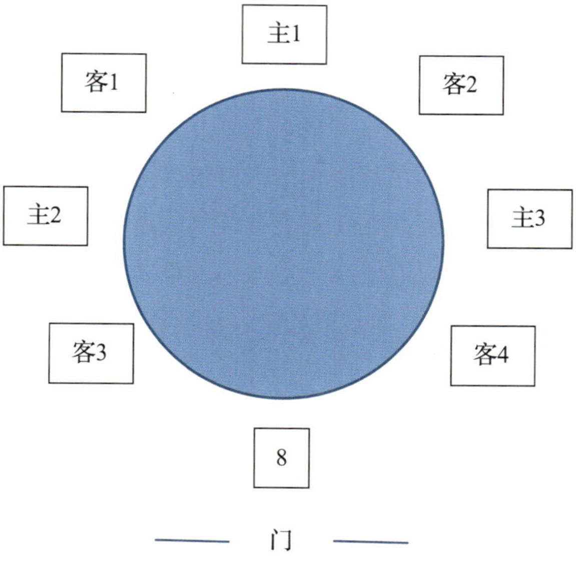

图 4－17　圆桌座次 2

如果主人宴请的是领导或者长者，一般客人坐 1 号位置，主人坐 1 号位置的右手边即 2 号位置；如果有重要的陪同人员，则为陪 1（客 2），坐客 1 左手的 3 号位置，客 3 坐主 1 的右手边，主 2 坐陪 1（客 2）的左手边，以此类推，8 号位置为服务人员位置。如图 4－18 所示。

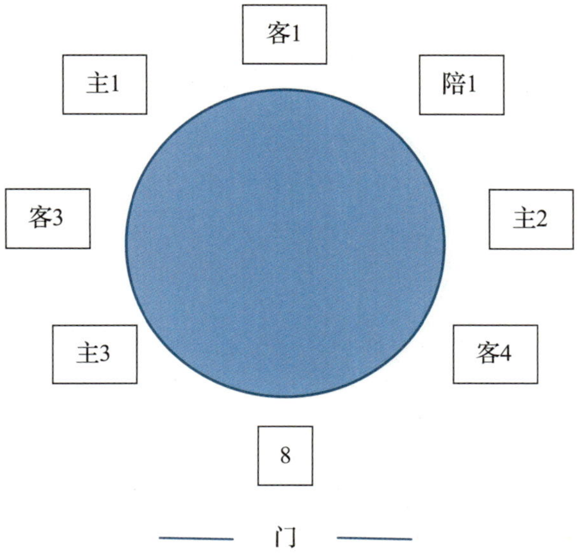

图 4－18　圆桌座次 3

如果主人宴请的是领导或者长者，没有重要的陪同人员，则客人坐 1 号位置，主人坐 1 号位置的右手边即 2 号位置，主 2 坐客 1 的左手边，以此类推，8 号位置依旧为服务人员位置。如图 4－19 所示。

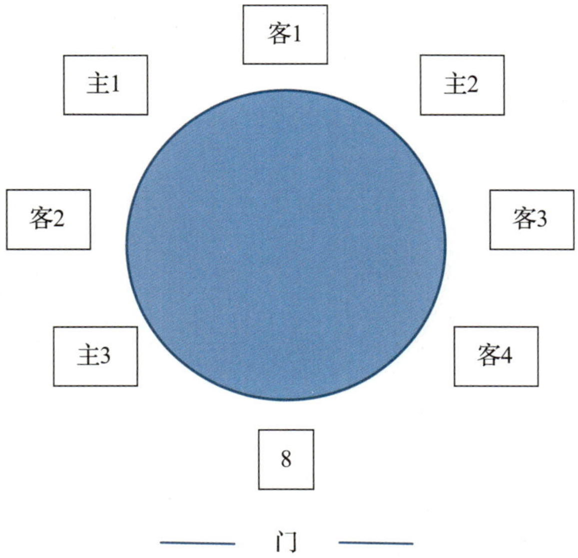

图 4－19　圆桌座次 4

2. 双主人制宴请

我国最高级别的宴会——国宴采取的就是这种形式。国宴桌上有两个谈话中心，本着级别对等的原则，主 1 陪客 1，客 1 在主 1 的右手边，主 2 陪客 2，客 2 在主 2 的右手边，以右为尊，以此类推。如图 4－20 所示。

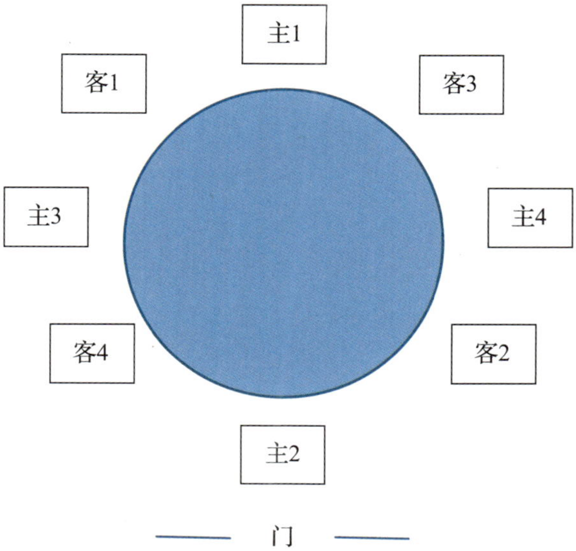

图 4－20　圆桌座次 5

我国有些地区也习惯采用双主人制，但是和国宴略有不同，主 1 和主 2 相对坐，主 1 的右边是客 1，左边是客 2，主 2 的右边是客 3，左边是客 4，以此类推。如图 4－21 所示。

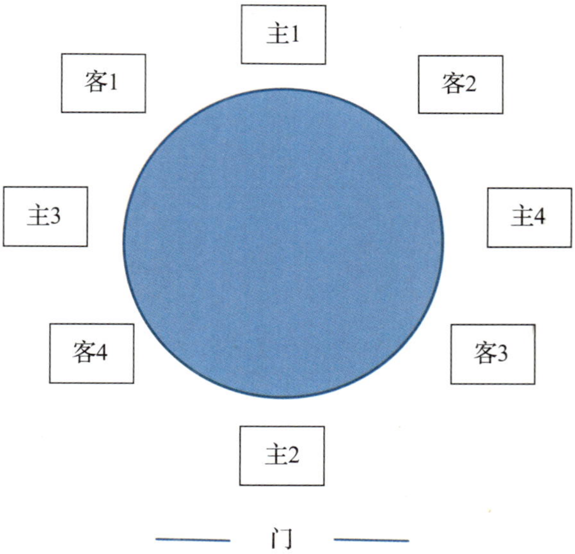

图 4－21　圆桌座次 6

（二）桌次排列

桌次排列的基本原则是：以右为尊，以远为上，面门定位，居中为上。

在安排桌次时，若三张及以上餐桌并排摆放，则以中间桌次为主桌，其他各桌与主桌的距离越近，桌次地位越高；距离主桌越远，桌次地位越低。在餐桌的大小上，除主桌可以略大外，其他餐桌不可过大或过小，要基本保持一致。为了确保宴请时赴宴者可以及时准确地对号入座，最好安排接待人员引导来宾就座。

1. 两桌横排

如果两桌是横向排列，面对门，以右桌为1号主桌，左桌为2号桌。如图4－22所示。

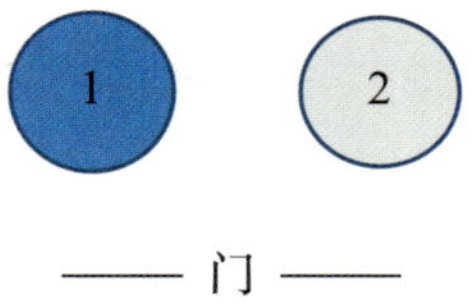

图4－22　两桌横排

2. 两桌竖排

如果两桌竖向排列，面对门，以离门远者为1号主桌，离门近者为2号桌。如图4－23所示。

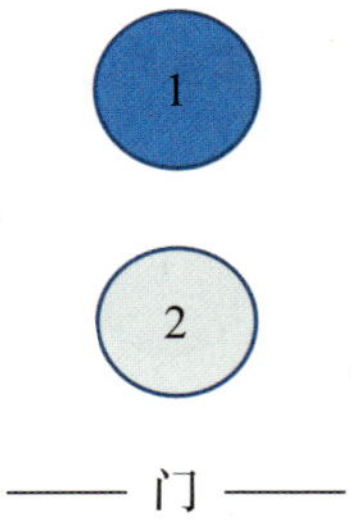

图4－23　两桌竖排

3. 五桌排列

如果为五桌排列，面对门，以离门远者为1号主桌，离主桌越近位越高，1号主桌右边为2号桌，左边为3号桌，以此类推。如图4－24所示。

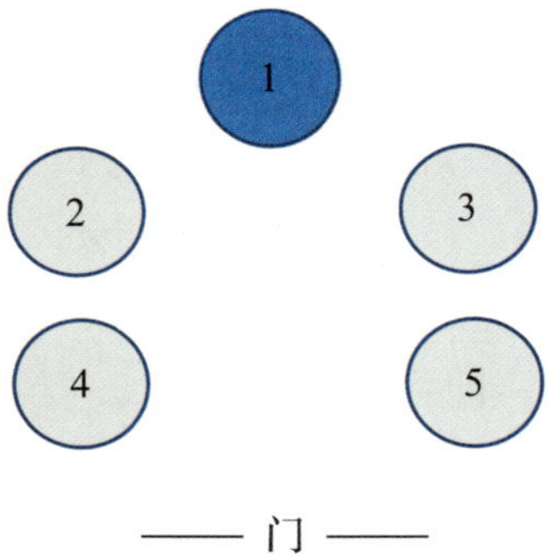

图4－24　五桌排列

4. 六桌排列

如果为双排六桌，面对门，以居中、离门远者为 1 号主桌，1 号主桌右边为 2 号桌，左边为 3 号桌；4 号桌虽然离门近，但离主桌最近且居中，所以位高于 5、6 号桌。如图 4－25 所示。

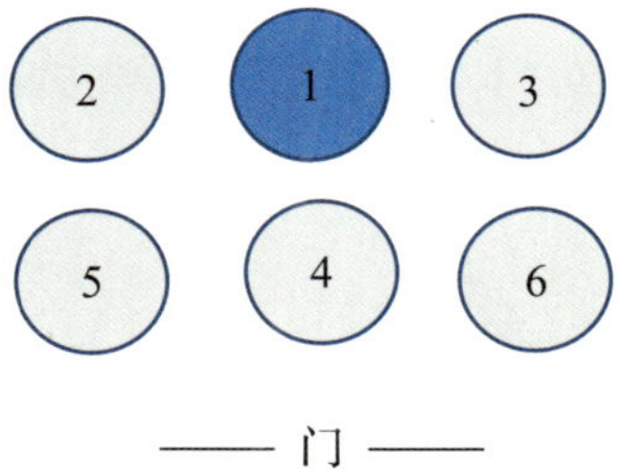

图 4－25　六桌排列

5. 七桌排列

如果为环绕式七桌，面对门，以居中者为 1 号主桌，1 号主桌右边为 2 号桌，左边为 3 号桌；然后再以离门远为尊，1 号主桌的右下角为 4 号桌，左下角为 5 号桌，右上角为 6 号桌，左上角为 7 号桌。如图 4－26 所示。

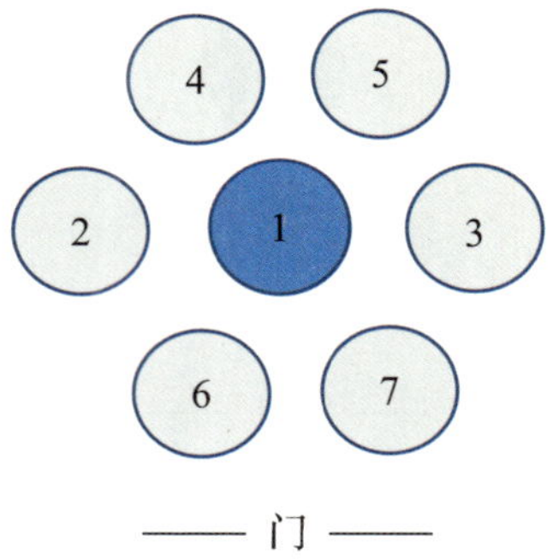

图 4－26　七桌排列

（三）宴请礼仪

宴请礼仪的基本原则可概括为“5M”原则。一是约会（Meeting），即根据宴请目的确定宴请的对象、人数等，并在征求主宾的意见后确定宴请的时间。二是费用（Money），即在宴请时，既要热情待客，又要量力而行，反对铺张浪费；既要突出档次，又要避免大吃大喝。三是环境（Medium），即宴请的地点可依据宴请的目的、客人的身份和重要程度确定，通常选择环境幽雅、卫生方便、服务优良的饭店或宾馆。四是菜单（Menu），即在安排菜单时，要了解客人的个人禁忌、民族禁忌；既要照顾到客人的口味，又要体现特色与文化，同时还要考虑费用。五是举止（Manner），即在餐桌上，举止要优雅、礼貌。在具体的实践中，我们要注意以下几个方面。

1. 邀请

在宴请活动中是通过面请、电话还是通过短信的方式邀请客人最为恰当呢？若在同一地区，面请最为正式和隆重，也是最容易让人接受的一种方式，宴请重要的客人一般会采取这种方式。其次是用电话的方式，如果在异地，可以表达因来往不便才选择这种方式进行邀请。短信的方式是最不推荐的，因为它不能很好地表达自己的诚意，除非先用电话进行邀请，再发短信予以确认。

2. 迎宾

迎接客人时是应该站在餐厅的包间里面等待，还是在大门口等待，或者是到出发地进行迎接呢？一般来说与客人距离越近，就越尊重对方，试想，你去看望朋友时是希望他在家里等你还是在车站等你呢？最隆重的迎接是到客人的出发地迎接，然后是在大门口迎接，最后才是在包间里等待。但是如果到出发地迎接会给客人造成不便，就需要调整迎接的地点，应该先征求对方的意见再决定迎接的地点。

3. 入席

开宴前，一般情况下是先在旁边等待，主人没有邀请入座时，客人最好不要自行就座；如果主人邀请就座，客人应该先谦让一下，主人、主宾入座后方可入座；若在场有长者或女士（近邻），则应先帮助他们入座后再入座。对于比较正式的宴会，尤其是主客身份比较复杂时，宴会主办方应摆设桌签以便客人就座。如果有领导、长者等尊者到来，应该站起来致意。

4. 致祝酒词

在开宴以前，一般会提议致祝酒词，祝酒词应该由谁说呢？通常情况下应该由主方致辞，但是为了体现对客人的尊重，主方可以邀请客方致辞，但是如果客方不愿意说，推让的态度很坚决，那也不能强迫，可以由主方致辞表达欢迎之意。

5. 餐具的使用

（1）筷子。

随着时代的进步，在公务宴请时，餐桌上一般情况下每个人面前都放有两副筷子，一副是公用筷子，另一副是自用筷子。公用筷子原是用来给他人夹菜的，是表达热情好客之礼，但是每个人的身体状况和对菜品的喜好都有所不同，试想如果客人碗里都是不适合自己口味或身体状况的菜品，会让人吃也不是不吃也不是，反而给客人造成困扰，所以多数情况下给客人夹菜要视情况而定，除非特别了解客人的喜好或者客人的确不便夹菜，现在多数场合下已经没有给别人夹菜的习惯了。现在公用筷子的主要作用是用于自己在公共区域取菜，夹到自己碗里后再用自用的筷子进餐，这样既干净卫生，也能表达出尊重他人之意。当然，从中国的传统习俗上来说，在使用筷子时还要注意其他一些禁忌，比如，筷子不要直立地插在米饭上，不要用筷子敲碗，不要将筷子含在口中，不要用筷子去搅菜，不要边说话边用筷子在餐桌上指指点点等，这些会被视为对他人的不敬。

（2）勺子。

勺子作为筷子的补充，主要作用是舀汤和菜肴。用勺子取食物时，和筷子一样，先用公勺舀到自己碗里，切忌用自用的勺子直接去取菜，更不能用自用的勺子在公共区域取菜后直接放入自己的嘴里，这样既不卫生也有失教养。还要注意在舀取食物时不要舀得过满，以免溢出勺外；如果食物太烫，也不可用勺子舀来舀去，或者用嘴对着勺子吹，应该先把食物放到自己碗里等凉了再吃。需要使用勺子时，应先将筷子放下。

（3）碗。

碗在中餐里是用来盛米饭或者盛汤的。拿碗时，用手的四个手指支撑碗的底部，拇指放在碗的上边沿。吃饭时，不能把碗放在桌子上用勺子、筷子把碗里的食物往嘴里送，不管是吃米饭、吃菜还是喝汤，都应该把碗端在手里，要注意碗的高度和下巴大致保持一致，适当地低头，含蓄地进食。

（4）盘子。

放在个人面前的盘子，一般用于放食物的残渣。用餐时，盘子和碗应平行摆放，不要把碗叠放在盘子上面。不吃的食物残渣、骨头、鱼刺不要直接吐在饭桌上，或者直接从嘴里吐到渣盘上，应该用筷子夹放到渣盘里，如渣盘放满了，可示意让服务员换一个。如果放的是两个盘子，那么一个盘子是渣盘，另一个盘子是食碟，或者只有一个盘子但相对较大，也叫作食碟。食碟在中餐里的主要作用是暂放从公用的菜盘中取来享用的菜肴。在使用一个相对较大的食碟时，可以把用公筷取的菜肴放在食碟的后端，食物残渣放在食碟的前端。注意，不要取放过多的菜肴在食碟里。

（5）转盘。

在商务宴请时，一般会选择有转盘的中式圆桌，在使用这种圆桌时也要注意礼仪。一般上菜后，应该先把新上的热菜通过转盘转到主宾面前，不能先转到自己面前，这是一种不符合礼仪的做法。还要注意，转动转盘之前一定要先看看有没有人正在取菜，如果有人正在取菜，应等对方取完菜再转；转动转盘的过程中如果有人取菜，应停下来稍等片刻，待其取完后方可继续转动。

6. 敬酒

开宴前会有一杯开宴酒，由谁来主持，需视情况而定，一般情况下应当由宴请者来主持敬酒或领酒，但是我们前面提到，在宴请上级领导或尊长的时候，应把尊者请到1号主位就座，在这种情况下，应该请坐在1号主位的尊者主持敬酒或领酒；另一种情况是，在级别对等的宴请中，可以由接待方领导率先主持敬酒，然后再请坐在1号主位的客方领导领酒。如果在宴会开始时，主人还没有敬酒，就有客人频频向主人敬酒，表达自己的祝贺、敬意或感谢，就会有喧宾夺主的嫌疑。开宴以后，一般以集体敬酒三杯为好，当然也要遵从当地的风俗习惯，根据实际情况而定。接下来自由敬酒时，应按身份、地位或者座次顺序依次进行。碰杯时，身份、地位低的人举杯高度应低于身份、地位高的人，男士举杯高度应略低于女士。作为客人，当有人向自己敬酒时，要起身，双手扶杯以示恭敬。席间，如果有人提议致祝酒词，应暂停饮酒或进餐。斟酒时有句话叫“酒满为敬”，这个“满”不是一定要溢出来，而是八分满即可。

敬酒应适宜，不宜硬劝强灌。

7. 离席

如果中途确因有事需离开宴会现场，不可大声嚷嚷，让大家扫兴，也不可悄无声息地走，应该悄悄地和身边的两三个人打个招呼，再向邀请你来的主人说明情况、致歉，然后离去便可。和主人说明情况后，应该马上离开，不要拉着主人聊个没完，否则占用主人太多时间，会影响到他招呼其他客人。

宴会结束的时候，一般是位于主桌 1 号位上的主宾先告辞，只有主宾告辞后，宴会上的其他人才可以陆续离开。在没有明确的主宾的宴会上，应以主人的率先离去作为宴会结束的主要标志，不是谁先用完餐谁就可以随时离开。

（四）自助餐

自助餐礼仪的基本原则是：遵循菜序、“五不”原则、善于应酬。在公务宴请中，自助餐的形式也很常见，有些人认为自助餐比较自由、随意，想怎么取餐就怎么取，其实自助餐是借鉴西方国家现代用餐方式的一种餐饮形式，同时融入了中国餐饮文化，也是有规矩和讲究的。

1. 遵循菜序

中国的餐饮文化博大精深，虽然各地的习俗不太一样，但先吃什么、后吃什么都是有礼仪规范的，自助餐场合也不例外。一般来说，自助餐应先从三道菜开始取用：凉菜、色拉和汤。当然，这三道菜不是一次都得取完，但是应该从这三道菜开始。接下来不是继续取用热菜，而是应该返回座位开始进食，用完之后再取热菜。标准的自助餐餐序应该是首先吃凉菜和色拉，再喝汤，然后吃热菜，接着吃水果，最后喝饮料。

2. “五不”原则

一是不插队，要讲究先来后到，自觉排队选用食物。取菜前先准备好一只食盘，轮到自己取菜时应用公用的餐具将食物放入自己的食盘之内，接着应该迅速离去。不要在繁多的食物前犹豫不决，让身后的人久等，更不应该挑挑拣拣，或者直接用手或自己的餐具取菜。二是凉菜、热菜不混装，吃完凉菜后应将盘子放在桌子上，再拿一个新盘子到公共区域去取热菜。因为拿着一个已经用过的盘子在公共区域转来转去，是对别人的一种不尊重，一般只要有人离开座位，自助餐服务人员就会把桌上用过的盘子清理完毕。三是菜品、主食不混装，取完菜品以后，主食应当用独立的小碗或菜碟来盛，有的人将米饭或者面食直接扣在菜上面，这样会显得较粗鲁。四是菜品、水果不混装，菜品是热的，水果是冷的，放在一起互相串味。在正式用餐过程中，用水果是自助餐的最后一环节，一般用水果就表示此次用餐结束了。五是食物不外带。有些人用完自助餐后会顺手带走一瓶酸奶或者是一个水果，这是不体面的。所有的自助餐都有一条不成文的规定，即自助餐只允许用餐者在用餐现场自行享用，而绝对不许在用餐完毕之后带回家。

3. 善于应酬

自助餐同时也是一种交际活动，在用餐过程中，对于其他不相识的用餐者，应当以礼相待，主动谦让，可以向其他用餐者提出一些选菜肴的建议，但是不可以为对方直接代取食物，更不能将自己不喜欢的食物或吃不了的食物处理给对方。同时还要注意用餐进度，在陪同领导或贵宾用自助餐的时候，尽量不要出现有人率先用餐完毕后静静地等待他人的情况。

（五）工作餐

工作餐礼仪的基本原则是：简单快捷、节约守礼、沟通有道。

工作餐是日常接待中最常见的一种用餐方式，通常是在午间进行，可以合理地利用工作之间的间歇时间，不影响用餐者的工作，体现出讲求办事效率的务实精神。通常是在本单位食堂或者附近餐馆安排简单快捷的用餐。在整个接待过程中，虽然用餐方式简洁，但也应该做到事前有计划，接待中落落大方、细心周到，同时热情交流，尽显地主之谊。

1. 简单快捷

工作餐要提前计划好时间、地点和陪同人员，因为是以处理工作中的实际问题为目的，所以不讲究形式与档次，菜品数量可以适当少些，进餐速度应适当快些，若无特殊情况，每次工作餐的时间以一个小时以内为宜。一般不饮酒，饮酒会影响接下来的工作。

2. 节约守礼

节约是每个公民应尽的义务，"清盘行动"更应很好地体现在工作餐上，公务人员应该是这方面的倡导者和实践者。很多单位食堂的工作餐都会采用荤素搭配的自助形式，取饭菜时应吃多少取多少、少吃多取，不要出现用餐结束后盘里、碗里还剩下很多食物的情况，浪费食物会给人留下非常不好的印象。

3. 沟通有道

工作餐其实也是职业活动的一种延伸，重在让公务人员进一步进行接触和了解，因此在用餐时应进行适当的交流和沟通，而不是把重点放在用餐上。用餐过程中难免会谈到工作问题，所以在选择座位时尽量选择安静一点的地方，参加的人数也不宜过多，谈论的话题也不宜过于严肃，可以适当地谈一些轻松、愉快的话题，创造出一种和睦、融洽、友好的氛围，为进一步交流与合作创造条件。

（六）用餐礼仪

用餐礼仪的基本原则是：仪态优雅、注意细节、尊重他人。用餐的一举一动都展现了一个人的总体形象，能反映出一个人的个人修养，做到用餐优雅也是在表达对别人的尊重。

1. 咀嚼食物时不要发出声音

有的人用餐时嘴张得很大，自顾自地使劲咀嚼食物，或者是吃面时用嘴使劲吸，发出很响的声音来，这种声音对于同桌的人来说是一种噪声，会严重影响别人用餐的兴致和心情，是不合礼仪要求的。用餐时应闭嘴细嚼慢咽，不要发出声音。喝汤时也不要发出声响，喝水、喝茶、喝酒、喝饮料时，也一定不要发出声音。喝汤用汤匙一小口一小口地喝，不宜把碗端到嘴边直接喝，汤太烫时，等凉了以后再喝，不要一边吹一边喝。在办公室，有的人泡了茶后使劲吹，大声地吸溜着喝茶，这会令其他人感到不适，也是不体面的做法。除非是在茶室里品茶，否则喝茶时一定不要发出声音。

2. 保持桌前卫生

有的人用餐时面前什么都有，骨头、纸屑、油汁等，就像一个小型的垃圾场，这会给人一种非常不雅的印象。在就餐过程中，骨头、鱼刺、食物的残渣等要轻轻吐在自己面前的渣盘里，不要随便吐在桌子上，如果桌前没有渣盘，可以询问餐厅服务员请他提供，或者可以用一张餐巾纸接住吐出的东西，低调、含蓄地把它处理掉。要等转盘转到自己面前时再夹菜，如果担心食物掉下来，可用碗轻轻接住，避免菜汁、汤汁流到桌面上弄脏桌子，如果不小心弄脏了，要用纸巾轻轻擦拭干净，随时保持自己餐桌前干干净净。

3. 注意吃相

食物有骨头、刺等不能下咽的部分时，一定不要直接用手拿着整个食物全部塞入口中再往外吐，会给人一种粗鲁的印象。一般做法是先进行分割，譬如用筷子或者叉子剔除骨头或刺后再将食物放入口中；如果不好剔除，可以用筷子把可食用的部分送入口中，再小心地咀嚼，把骨头悄无声息地吐到嘴边，再用筷子取出放在自己的餐盘或渣盘里；进餐时不要狼吞虎咽，每次进口的食物不可过大，应小块、小口地吃。再喜欢一道菜，也不要连筷，一筷子接一筷子地吃，这样有失体面。不要在共用的菜盘里挑挑拣拣、翻来翻去。取菜时，要看准后夹住立即取走，不能夹起来又放下，或取回来又放回去。

4. 注意仪态

有些人用餐时把两个胳膊放在餐桌上，撅着屁股趴在桌子上吃东西，这样不雅观。参加正式宴请的时候，应该尽量直着身子就座，不要将胳膊肘放在桌上。在正式宴会中，不宜当众使用牙签，如果确实需要用牙签时，最好用餐巾纸遮挡一下或者用手捂住嘴轻轻剔。在餐桌上不要吸烟，本来在公共场合吸烟就是不礼貌的行为，在相对密闭的餐厅吸烟更是对空气和环境的一种污染，对他人的健康也是一种伤害。此外还要注意一些行为上的细节，如给人递水递饭一定要用双手；递刀具给别人要记得递刀柄那一端；别人为你倒水时，不要光看着，要扶着杯子，以示礼貌；等等。

5. 注意语言

在用餐过程中应该谈笑风生，保持轻松愉快的气氛，但也不可滔滔不绝，完全以自我为中心，特别是有领导和尊者在的时候，要懂得聆听，说话也要分场合和讲分寸，否则会让人觉得肤浅和不稳重。要热情适度地与同桌人员交谈，眼睛不要总是盯着餐桌，显示出一副贪吃相。如果口中有食物，勿张口说话，别人问话时，如口中有食物，要等食物咽下后再回话。最好不要不停地谈论工作，如果话题始终停留在繁杂的工作上，就会破坏轻松的气氛，如果一定要谈与工作有关的话题，可以等用餐到七八成饱之后进行。此外还要注意餐桌上的忌讳用语，譬如给人添米饭时，不可以说“您要饭吗?”，应该说“您需要添饭吗?”等。

边学边练

某局公务人员小张被派往省厅挂职锻炼，为了让小张快速融入新的环境，处室的同志们邀请小张一起在中餐厅就餐，处室领导王处长也应邀出席了餐宴。宴会上，大家相互介绍后，小张觉得自己是主宾，便坐在了面门的1号位置上，王处长坐在了小张的右手边。就座后服务员递上菜单，小张开始点菜，小张点好菜后对王处长说：“王处长，我也不知道这些菜合不合您的口味，您看还要再点些其他的吗?”王处长说：“不必了。”在用餐过程中，小张为了表示对王处长的尊敬就用自己的筷子不停地给王处长夹菜，看到王处长饮料没了，小张便把筷子随意地横放在碗上，坐着为王处长加饮料，由于加饮料时没有给予提示，差点把饮料洒在王处长的身上。

任务要求：

1. 小组讨论：小张在用餐过程中有哪些行为是不合礼仪规范的？应该怎么做？
2. 小组训练：结合所学的餐饮礼仪知识，理论联系实际，自设场景编成小品，分角色模拟餐饮礼仪中的细节和要求。
3. 全班评议：各组派代表饰演角色，上台演示，全班评议，指出问题进行修改。

四、会议礼仪

会议在警务人员的职业活动中是比较常见的一种工作模式，组织、参加各种会议，需要掌握的知识很多，比如安排主席台领导的座次、会议前的准备、会议中的发言、会议后的整理以及参会人员应注意的事项等，都有不同的礼仪要求，懂得会议礼仪对会议精神的执行有较大的促进作用，是会议成功的重要保证。

案例 4-3

某单位准备召开一次全地区性会议，决定由办公室小刘负责通知有关部门。通知发出后不久，某领导即指示，这次会议很重要，应该让参会单位负责某项工作的领导也来参加，于是，小刘发出补充通知。过后不久，另一领导又指示，让另一项工作的负责人也参加会议。小刘再次发出补充通知，一天内先后共发了三次，导致大家无所适从。由于时间仓促，材料很多，小刘就为每个参会者准备了一个文件夹，将所有材料放入文件夹内。有三位负责人会前回复说有事不能参加会议，小刘就未准备他们的资料。不想，正式开会时其中的二位又赶了回来，结果会上有的参会者因没有资料可看而无法发表意见，有的参会者面对一大摞资料不知从何处下手，从而影响了会议的预期效果。

点评：

这次会议的筹备过程中主要有两处疏漏，首先是会前缺乏周全的考虑，会议内容没有确定好，因此也就无法确定参加会议的人员，在已经发出通知的情况下，一再变更通知。对于一个单位来说，这是极其不严肃的。其次是小刘在准备资料时缺乏周到的考虑，以为只要会议资料准备齐全就万事大吉了。其实他应该编制一个会议目录，便于大家查找，不至于在会议中手忙脚乱，找不到该找的东西。在准备会议资料的时候没有考虑备份问题，以至于面对临时增加人数的状况时资料不足，无法应对，造成了工作中极大的被动。

会议是指将人们组织起来，一起学习、研究或讨论有关问题，最终达到某种目标任务的活动。举办会议要有周全的考虑、周密的安排和周到的服务。

（一）会议的通知

会议通知的基本要求：简短明了、清楚周全。

通知里要说明会议时间、会议地点、会议主题、参加人员等，一些比较正式的会议还要注明着装要求和注意事项。会议的通知一般比较简短，抓住重点，说清楚即可，切忌冗长啰唆；也要注意通知事项时尽量考虑周全，不要一而再再而三地补充通知，显得太不严谨。

（二）会议辅助用品的准备

基本要求：准备充分、细致周到。

根据会议的内容和要求，应该提前准备好各种辅助用品。首先要准备桌椅、座椅对应的名牌、茶水、会议需要的资料等；有些还需要准备黑板、白板、笔、投影仪等各种视听器材；在有些正式场合还需要准备签到簿、名册、会议议程表等。

（三）会场的布置

会场布置的基本要求：主题鲜明、规范务实。

会场的布置要根据会议的内容、规模、性质和需要来确定，不同的会场布置形式，能够体现不同的意义和气氛，取得不同的效果。

1. 最常见的会议形式

日常工作会议、座谈会、讨论会、大型会议等是公务活动中最常见的，通常采用长方形、回字形、椭圆形、半圆形或者主席台式的形式就座，体现出不同的氛围，适应不同的需求。

2. 主席台的装饰

主席台是整个会场的中心，所以也是装饰的重点，一般是在主席台上方悬挂红色的会议标题，如果有 LED 屏幕要提前在屏幕上写明会议的主题。主席台背景处（亦称天幕）可悬挂会徽或红旗等。

3. 主席台的布置

主席台一般居中而设，发言者在主席台的原座发言，每个人面前都有麦克风。也可以设置专门的讲台，有助于突出报告人的地位和报告的重要性，同时体现出会议气氛的庄严和隆重。讲台设在右侧（以主席台的朝向为准），以右为尊，体现出对发言者的尊重，比如，举行英模事迹报告会，主席台中间坐的是领导，英模报告者在右前方的讲台做发言。另外，会议的组织者还应该考虑到主席台位置的高度和观众席的高度，一般来说，如果主席台的高度高出观众席位，那么观众基本上不可以现场发言和提问；如果主席台跟观众席位处于同一个高度，观众则可以现场发言和提问。

（四）座位排列

会议座位排列的基本要求：尊卑有序、中外有别。

1. 主席台座位

国内的党政机关、事业单位或者国有企业等组织的会议，只要不是涉外会议，基本上都是以中为尊、以左为尊（以主席台的朝向为准）。如果主席台上就座的人数为单数，那么身份最高的领导（有时也可以是声望较高的来宾）应就座于主席台前排中央 1 号位，其他领导则按先左后右、一左一右、前高后低的顺序排列，即名单上第二位领导坐在第一位领导（居中）的左侧 2 号位，第三位领导则坐在右侧 3 号位，以此类推。如图 4 - 27 所示。

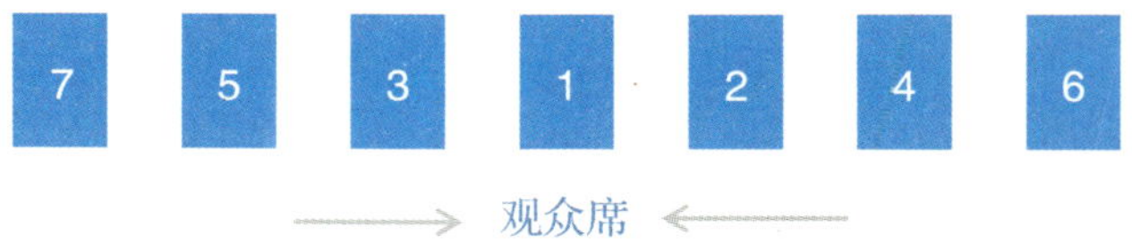

图 4 - 27　主席台就座人数为单数

如果主席台上就座的人数为双数，应该以主席台中间为基点，第一位领导坐在基点右侧即 1 号位，第二位领导坐在第一位领导的左侧 2 号位，并依次进行交叉排列。这是国家的标准排法，是当今中国官方会议主席台上最严谨、最规范的排序方式，也是官方内部会议主席台人物排序的原则：不管单数双数，2 号位始终在 1 号位的左手边。如图 4 - 28 所示。

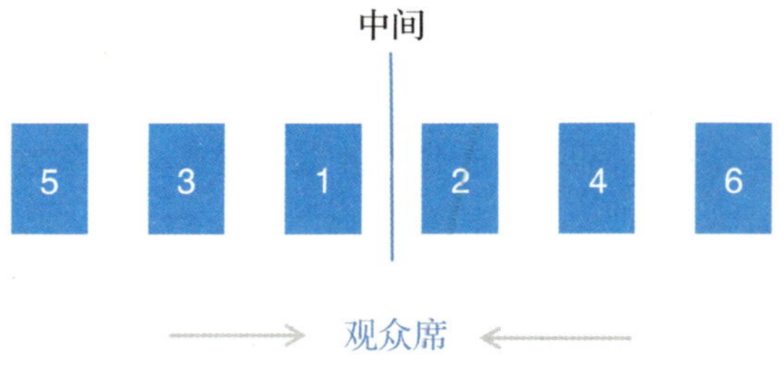

图 4 - 28　主席台就座人数为双数

如果参加会议的领导来自平等的两个单位，为了体现双方的平等性，应以中线为基点，双方领导各居一边，无须交叉排列，本着以左为尊的原则，中线的左边第一位是客方的 1 号领导，往客方 1 号领导左手方向顺次排列客方 2 号领导、客方 3 号领导，以此类推；主方 1 号领导在中线的右边，往主方 1 号领导右手方向顺次排列主方 2 号领导、主方 3 号领导，以此类推。如图 4-29 所示。

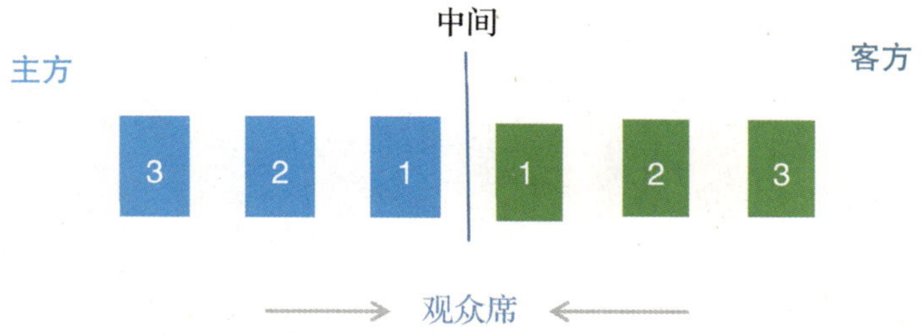

图 4-29　主席台就座领导来自平等单位

如果是涉外活动、国际合作以及非官方组织的会议，一般都是以右为尊（以主席台的朝向为准）。主席台上就座的领导如果不止一排，应按照职位的高低，前排高于后排、中间高于两边、右侧高于左侧安排座位。

2. 长形座位

在官方会晤、座谈会、交流会等小型会议中，通常采用长方形会议桌的形式安排座位。因为这种形式源自西方国家，所以在这样的会议室里，总体上遵循面门为上、居中为上、以右为上的原则，并根据环境的具体情况来安排座位。

第一种情况，桌子的窄边对着门。如果没有背景墙，座位在门的两边，此时以进门的右手为尊，为了体现对客人的尊重，客方坐右边，主方坐左边。如果有背景墙，或者门对着背景墙，依然遵循以右为尊的原则。怎么去判断左右呢？背对着背景墙站立，左手边为会议室左边，右手边为会议室右边，客方坐右边，主方坐左边。如图 4-30 所示。

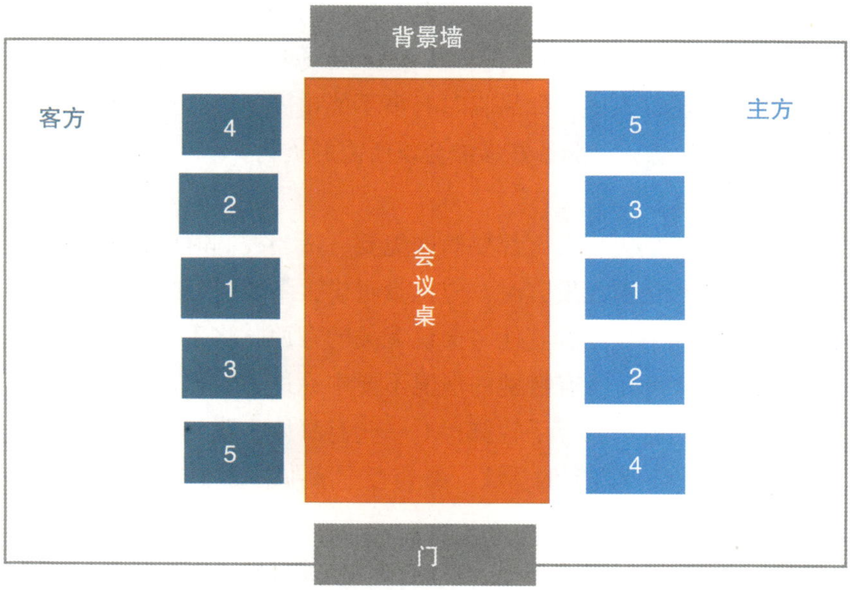

图 4-30　门对背景墙时的座位安排

第二种情况，门对着座位，此时遵循面门为尊的原则。应当把客人或者领导请到面对着门的位置就座，这个位置可以一眼看到门外可能发生的突发事件，更能给人以安全感，让人觉得踏实，有一种统揽全局的感觉。如图 4－31 所示。

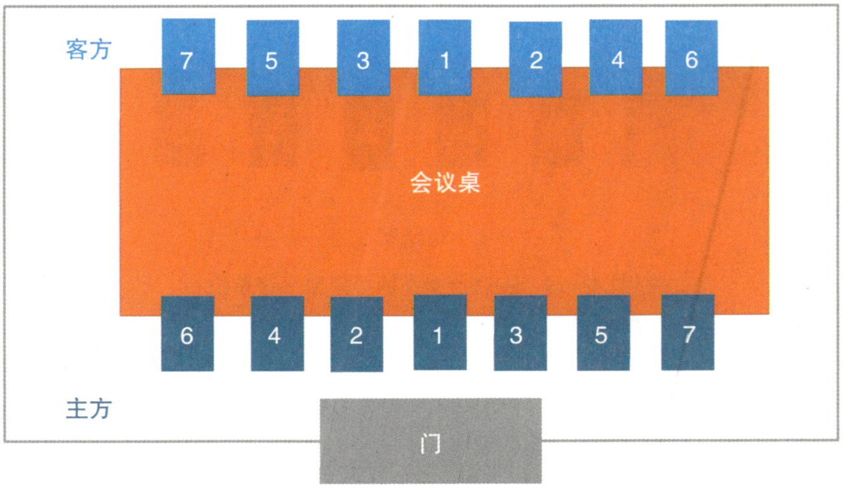

图 4－31　门对座位时的座位安排

（五）与会礼仪

与会礼仪的基本要求：有礼有节、顾全大局。

1. 会议前

参会者应衣着整洁、仪表大方、着装得体。不同主题的会议，会有不同的着装要求。对于正式的或者高级别的会议，或者会议通知中做出要求的，参会者都应该穿正装，这样有利于彰显公务人员的庄重和可信任感；还要准时入场、进出有序，依会议安排落座，无故不要迟到，这是公务人员的基本素养。比较重要的会议，如果迟到了，应该悄无声息地入场，如果正在举行仪式，进入会场时应该就近入座，等仪式结束后再悄悄地找到自己的位置入座。如果临时有事不能出席，必须通知对方。参加会议前要多听取上司或同事的意见，准备好参加会议所需的资料。

2. 会议中

不管是领导发言还是代表发言都要简明扼要，适当控制时间，随意延长发言时间是一种不礼貌的行为；在别人发言时，应认真听讲，不要随便插话，不要私下小声说话或交头接耳，不要玩手机或者其他与会议无关的东西，将手机设置成静音；发言人发言结束时，应鼓掌致意；没有特别的情况不要中途退席，即使要退席，也要征得会议主持人的同意，中途退场应轻手轻脚；对一些有具体、明确的工作要求的会议，或者无法以书面文件下发会议内容的会议，参会者应该在现场做会议记录。

3. 会议后

会议结束后，参会者要整理好随身物品，摆放好桌椅，有序离开，不要拥挤或者横冲直撞，文明退场，不喧哗，不留垃圾。

边学边练

某局拟召开工作交流会议，小李拟订了一个方案，内容如下：

1. 会议名称：×× 局 20×× 年工作交流会。

2. 参加会议人员：局领导 7 人，分局领导、处室领导 20 人，交流发言代表 5 人，分局、处室相关人员约 100 人，工作人员 10 人。

3. 会议主持人：×× 局副局长。

4. 会议时间：20×× 年 12 月 18 日上午 9 点 30 分至 11 点。

5. 会议程序：来宾签到，发资料；主管副局长讲话；交流发言，局长总结提要求。

6. 会议文件：参会须知、签到表、交流发言稿。

7. 会址：×× 局小礼堂。

8. 会场布置：蓝色背景帷幕，中心挂 ×× 局标识，上方挂会议主题横幅。

9. 会议用品：纸、笔、茶叶、水杯、音响设备、背景音乐、资料。

10 会务工作：安排提前来的外地来宾在市 ×× 酒店报到、住宿。安排交通车接送来宾。

任务要求：

1. 小组讨论：小李的会议方案有无遗漏或需要改进的地方？

2. 小组训练：结合所学的会议礼仪知识，重新帮小李拟订一套完整的方案。

3. 全班评议：各组演示重新拟订的方案，全班评议，指出问题进行修改。

五、办公室礼仪

办公室是警务人员处理工作、办理业务的公共场所。办公室礼仪，既体现了警务人员的工作能力和思想水平，也反映了个人的工作态度、工作作风、卫生习惯、礼仪行为，甚至是整个警务机关的人文氛围、工作节奏、环境效果和总体精神。警务人员应当自觉遵守办公室礼仪，保持办公室良好的礼仪环境，展现警察队伍的文明素质和时代风貌。

案例 4－4

小熊刚进入某政府部门工作。这天早上，她第一个来到办公室，刚到办公室，电话铃响了，是找对桌王姐的，小熊接起电话友好地询问对方后，顺势在王姐桌上的一张纸上写下了对方留下的电话号码。随后小熊回到自己的座位上吃起了她在路边买的包子和鸡蛋，剩下的蛋壳和残渣就随手丢到了旁边小李的垃圾桶里。不一会儿，王姐和小李来了，只听见王姐说了一声“这是什么味道？”，然后惊叫了起来：“是谁在我文件上乱写了什么？”小李看到自己垃圾桶里的蛋壳和残渣，皱起了眉头……

点评：

创造整洁、舒适、和谐的办公环境是办公室礼仪中不可缺少的内容。首先，小熊不应该带早餐到办公室里吃，鸡蛋和包子的气味会影响办公环境的空气；其次，小熊在写电话号码时，应先确认写号码的纸张是否有用或者用一张空白纸，不应随手就写；最后作为刚参加工作的年轻人，她第一个到达办公室后，应该主动承担起打扫或整理办公室的责任，更不能把自己的垃圾放到别人的垃圾桶里。讲究办公室礼仪，要注意维护办公环境的整洁舒适，同时要注重办公环境中的言行举止，创造和谐的办公氛围，提高工作效率，从而提升公务人员和政府机关的公众形象。

（一）办公室环境

办公室环境的基本要求：整洁干净、卫生舒适。

1. 维持公共区域环境清洁

办公室公共区域的卫生，需要大家共同维护。上班前要擦桌子、扫地、拖地板，将办公室打扫干净，特别是年轻人，最好适当地早到一会儿打扫卫生，这也体现了年轻人尊重老同志的优良传统。地面要常清扫、擦洗，沙发座椅要经常除尘。办公室内要有适当的空间，不堆放和积压物品，及时清理废弃物，窗户要经常打开换气。宽敞的办公室可以放置以绿色植物为主的盆栽，对盆栽要经常浇灌和整理，不能让其枯萎而出现黄叶。窗明几净、整洁有序的办公室，能够给人留下文明美好的印象。

2. 保持个人区域整洁干净

个人办公区域要保持办公桌椅清洁整齐。办公桌上物品的摆放要规范有序，不要过多地摆放私人物品，非办公用品不外露，桌面要码放整齐。桌椅的摆放要整齐规范，当有事离开自己的办公座位时，应将座椅推回办公桌内。办公室的墙面切忌乱刻乱画，不能在办公桌旁的墙面上记录电话号码或张贴纸张。垃圾要及时丢入垃圾桶内，私人物品，如鞋子、衣服或者个人卫生用品应该收在柜子里。

（二）办公室举止

办公室举止的基本要求：文明礼貌、尊重他人。

（1）在办公室里说话的时候，要放低声音，以不影响他人工作的音量为宜。大嗓门说话、隔屋叫人、在走廊里大呼小叫等，这些都是不礼貌的行为，要多考虑他人的感受。

（2）不要长时间占用办公设备。公用的办公设备，比如电话、复印机、电脑、传真机等，除非确因工作需要，否则不应该长时间占用。公用设备应尽快用完后留给他人，要形成多为别人着想的工作氛围。

（3）不要在办公室里吸烟、吃零食，也不要在办公室里摆放或食用一些有异味的食品。需要吸烟时应在吸烟区或室外进行。尽量避免在办公区域用餐，实在不能避免的情况下，尽量节省时间，或者就餐完毕之后迅速通风，以保持工作区域的空气清新。

（4）办公时应该坐姿端正，不得斜靠、倒卧、跷二郎腿、聊天、到处闲逛。办公时间当众化妆、吃零食、打瞌睡以及在办公室内随意脱外套、解扣子、卷袖子、松腰带等皆为不雅行为。

（5）在办公室内，不得从事与工作无关的活动，不得翻阅与工作无关的书报杂志，不能玩电脑游戏或上网聊天，不得炒股，以免影响工作。未经同意，不要将衣服、公文包放到他人的桌子和椅子上。

（6）若有来客，不管是领导、下级、同事还是来宾，都要起身相迎、起身相送。与人说话的时候，眼睛要看着对方，不可只顾处理手中的事情，头都不抬，表现得傲慢、冷漠，给人一种爱答不理的感觉，态度要温和一些，语言要客气一些，要以礼相待，树立一个文明礼貌、尊重他人的个人形象。

（三）请示、汇报工作

请示、汇报工作的基本要求：准备充分、简明扼要。

1. 出入领导办公室的礼貌

进入领导办公室前，要先轻轻敲门，听到应答再进。进入后，回手关门，不能大力、粗暴。进入领导办公室后，如果发现还有其他人在场，对方正在讲话，要在一旁静候或者退出等候，不要中途插话，如有急事要打断说话，也要看准机会，而且要说“对不起，打断一下你们的谈话”。

2. 请示、汇报前准备充分

请示、汇报工作时要做到准备充分、心中有数，先规划汇报的内容，如可能出现的问题、可以解决的方案，切不可匆忙前去，边想边说，当领导询问具体细节时，回答杂乱无章，从而影响工作的效率。

3. 请示、汇报时把握好时间

提前预约的要准时到达，不要让领导等得太久，浪费领导的时间；临时汇报的要选择合适的时间，不要在领导忙于处理某一件事时前去汇报。请示、汇报时控制好时间，当领导提出结束时，要礼貌地及时告辞。

4. 请示、汇报时言行得体

请示或汇报时要注意自己的仪表、姿态和举止，做到站有站相、坐有坐相，文雅大方、有礼有节；说话时声音清楚、中心明确、突出重点、条理清楚，要注意时间和效率，做到简洁明快，切不可长篇大论，不夸大、不隐瞒，内容真实，实事求是。

5. 紧急情况下请示、汇报要准确和清晰

当遇到紧急情况需要领导迅速了解并做出决断时，请示、汇报要迅速及时，以免贻误时机。在汇报紧急情况时表达要准确、清晰，语言要高度凝练，把握重点，让领导全面真实地了解事件真相，还要注意在汇报中要从容、镇静、理智，不要造成不必要的慌乱局面，影响领导处理问题的情绪。

6. 当意见被否定时要虚心和理性

在请示或汇报工作时，如果自己的意见被领导否定，则要冷静思考，若自己的意见确实有问题应当虚心接受和采纳领导的建议，若自己的意见是正确的则应坚持自己的意见，并在合适的时间和场合找上级诚恳地把情况和意见说清楚。无论哪种情况，都不能情绪失控，表现出表情上的不满和动作上的不屑，体现出对领导的不尊重，也不要随便打断领导的话，显示出自己的不耐烦，即使自己意见正确也不能顶撞领导，因为每个人看待问题的角度和高度都是不同的，要先从自己身上找问题，给领导以尊重。

（四）办公室人际关系

1. 真诚合作

同事之间属于互帮互助的关系，要尊重同事，支持同事的工作，相互关心、相互信任，以诚相待，获得荣誉时要分享，俗话说“一个好汉三个帮”，只有真诚合作才能共同进步。

2. 提供帮助

同事遇到困难时，通常会先向亲朋求助，但作为同事，如果知晓了别人的难处，对力所能及的事也应尽力帮忙，这样会增进双方之间的感情，使同事间的关系更加融洽。

3. 公平竞争

同事之间相互竞争是正常的，这有助于彼此的成长，我们既要谦让待人，又要在工作中敢于争先，但是切记要公平竞争，通过自己的能力、贡献来得到他人的认可，不能在背后耍心眼，做损人不利己的事情。

4. 宽以待人

同事之间相处时间较长，一时的误会在所难免。如果出现误会，应主动向对方说明，不可小肚鸡肠，耿耿于怀。

（五）公文处理礼仪

公文处理礼仪的基本要求：规范、准确、保密。

1. 公文行文的规范性

警务部门公文的严肃性与权威性决定了必须严格规范地行文，遵循有关的格式要求和报送程序，在行文过程中，从文种适用范围、印制格式、行文规则到每一个公文要素的结构安排，都有着严格的规定。比如，请示、申请、报告、汇报、抄送、抄报、批复等文种，都有其内容的规律性和比较固定的结构。国家公务人员要重视公文的写作，虚心学习，主动自觉地进行公文撰写的训练。

2. 公文内容的准确性

在撰写公文时，公文里的观点和内容要符合国家的法律法规，符合党和政府的方针政策，如果发现公文所需贯彻的领导意图与党和国家的有关政策法规相抵触，应及时向上级领导提出。要坚决贯彻“情况真实、观点明确、条理清楚、层次分明、文字精练、书写工整、标点准确、篇幅简短”的原则和要求。用词要准确、规范，要避免模棱两可、有可能引起歧义的词以及不规范的文字，如繁体字、自造的简化字等，也不可使用不规范、不标准的符号。外行文中，在使用简称时，应先用全称，并加以说明。

3. 公文交接的安全保密性

保密原则是国家行政机关公务人员最基本的工作守则。特别是在警务部门，公文中包含着党和国家的核心机密，包含着人民警察维护社会治安、打击违法犯罪的方针、政策、策略、技术手段等，这些都是重点保密的对象，一旦泄露，就会给国家和人民造成损失，所以历来文书管理都具有很强的机要保密性。公文的保密要做到以下几点：一是在公文管理过程中，要保证公文本身不被损坏，不受破坏，不丢失，不发生缺、损、倒、错现象。二是保证有密级的公文不失密、不泄密，对有阅悉范围的文件严格控制。三是在文件运转交接过程中，应严格登记，履行签收手续。对于绝密文件须由专人保管，不得擅自携带外出。

（六）电子邮件礼仪

电子邮件礼仪的基本要求：安全、规范、及时。

1. 发电子邮件

发电子邮件时，首先要有简单而又能概括内容的标题。其次要有得体的称呼，措辞恰当、礼貌，显示出对对方的尊重。再次一定要有正文。有些邮件完全没有正文，只有一个附件，发这样的邮件是不礼貌的。正文的内容应简明扼要，但文字也不能太少。邮件正文不要全部都使用黑体字，或者全部都使用下划线，或者全部都使用斜体字，这些标志都是用来强调或者增强语气的，单独使用显得不礼貌。结尾要有简单明了的签名。最后要注意附件超过三个时应打包，不要给他人增加收件负担。

2. 收电子邮件

收电子邮件时，首先要注意及时回复，特别是有些重要的邮件，还要注意内网和外网之分，注意保密；其次回复的内容要有针对性，可进行必要的阐述，以便对方能一次性理解到位，避免反复发送邮件，浪费时间和资源。

边学边练

某厂业务员李先生按约定，手拿企业新设计的监控器样品，兴冲冲地走上五楼，直接走进了保安部王部长的办公室，正在处理业务的王部长被吓了一跳。“打扰了，这是我们企业设计的新产品，请您过目。”李先生说。王部长停下手中的工作，请李先生坐下，倒上一杯茶递给他，并接过李先生递过来的监控器，仔细研究起来。李先生往沙发上一靠，跷起二郎腿，一边吸烟一边悠闲地环视着王部长的办公室。当王部长问他这个监控器的优势时，李先生习惯性地用手搔了搔头皮，不由自主地拉松领带，凑近王部长做了较详尽的解释。王部长皱了皱眉，托词离开了办公室，只剩下李先生一个人。李先生等了一会儿，感到无聊，便非常随便地抄起办公桌上的电话，同一个朋友闲谈起来。这时门被推开，王部长进来对李先生说："对不起，这款产品我们不需要了。"

任务要求：

1. 小组讨论：李先生的监控器没有推销出去，原因何在？

2. 角色训练：两人一组，分角色按照办公室礼仪的要求自我模拟场景进行训练，训练时注意礼貌礼节要求，若发现对方的问题，及时进行调整，反复进行强化训练。

3. 全班评议：抽取小组演示办公室场景模拟，全班评议，指出问题进行修改。

项目任务书

一、分组

将一个班的学生分为若干个团队，每个团队 5～8 人。具体步骤如下所述：

1. 通过教师指定或学生自荐或选举产生各团队队长，制定团队章程，明确团队成员和队长的职责和任务。

2. 由队长自行联系本班同学，组建自己的团队。各团队成员应男女生合理搭配，同时要充分考虑到团队成员性格倾向、兴趣爱好、语言表达能力、计算机水平、文字表达能力和组织能力等的搭配。

二、分工与安排

1. 队长针对任务进行详细的任务分工和安排，并落实到团队每一个成员，做到团队中每一个成员都清楚团队的任务和自己的职责，然后按照队长的指令开始行动，确保在规定时间内完成任务。

2. 认真阅读项目任务书所有内容，确认自己需要完成哪些任务（哪些是需要由团队共同完成的任务，哪些是需要自己完成的任务）、如何完成、何时完成，做到有计划、有目的。

注意： 需要由团队共同完成的任务，一定要做好规划，听从队长安排，团结一致，协同完成，避免争吵和相互推诿。同时，任务要落实到每一个人身上，明确什么时候完成、由谁负责，一定要合理分工，各尽所能，发挥团队中每一个人的才能。

3. 团队组织到位，分工合作，一定要在规定的时间内完成任务，完成任务过程中要做到有序、有效；同时，填好相关表格，清晰地写好相关任务书，资料完整，讲究逻辑。

注意： 在完成任务过程中，要有效协作，注意安全，保证团队每一个成员的人身安全和财产安全。

4. 如有不清楚的地方请及时与指导教师沟通。

5. 根据任务清单，填写计划安排表（见表 4－1）。

表 4－1　计划安排表

练习编号	任务内容及说明	时间安排	负责及参与人员	备注说明

续表

练习编号	任务内容及说明	时间安排	负责及参与人员	备注说明

三、练习内容

任务1：电话礼仪训练

根据表4－2，分组按照公务电话接听、代接、拨打、挂断的要求进行练习，将表情、动作、语言完成情况填入表中，再分别设定不同的场合加以运用，将场合运用中出现的问题如实填写到场合完成情况中，并针对问题进行纠正练习，最后由队长进行检查后填写巩固情况。

表4－2　电话礼仪训练表

类别	要求	表情、动作、语言完成情况	场合完成情况	巩固情况
接电话	铃响不过三；先问候，再自报家门；声音适中、愉快、亲切；拒绝时注意礼貌			
代接电话	主动代接；使用礼貌用语；做好记录			
拨打电话	要选好时间；要注意地点；要注意时长；要用语规范；要注意顺序			
挂断电话	不宜“越位”；礼貌挂断；动作轻盈			

任务2：方位礼仪训练

根据表4－3，分组按照方位礼仪的要求练习同行礼仪、上下楼梯礼仪、电梯礼仪、乘车礼仪、合影礼仪，把练习过程中表情、动作、语言的完成情况填入表中，再分别设定不同的场合加以运用，将场合运用中出现的问题如实填写到场合完成情况中，并针对问题进行纠正练习，最后由队长进行检查后填写巩固情况。

表 4-3 方位礼仪训练表

类别	要求	动作、表情、语言完成情况	场合完成情况	巩固情况
同行礼仪	遵循以中为尊、以右为尊，安全、方便的原则			
上下楼梯礼仪	遵循以内侧为尊，安全、省力的原则			
电梯礼仪	遵循尊者优先、服务第一、安全方便的原则			
乘车礼仪	遵循区别对待，安全、方便的原则			
合影礼仪	国内尊左，国际尊右；政务尊左，商务尊右			

任务 3：餐饮礼仪训练

根据表 4-4，分组按照餐饮礼仪的要求进行练习，将表情、动作、语言的完成情况填入表中，再分别设定不同的场合加以运用，将场合运用中出现的问题如实填写到场合完成情况中，并针对问题进行纠正练习，最后由队长进行检查后填写巩固情况。

表 4-4 餐饮礼仪训练表

类别	要求	表情、动作、语言完成情况	场合完成情况	巩固情况
座次排列	面门为上，以右为上，以中为上，以远为上，观景为上，靠墙为上			
桌次排列	以右为尊，以远为上，面门定位，居中为上			
宴请礼仪	“5M”原则以及邀请、迎宾、入席、致祝酒词、餐具的使用、敬酒、离席的注意事项			

续表

类别	要求	表情、动作、语言完成情况	场合完成情况	巩固情况
自助餐	遵循菜序、“五不”原则、善于应酬			
工作餐	简单快捷、节约守礼、沟通有道			
用餐礼仪	仪态优雅、注意细节、尊重他人			

任务 4：会议礼仪训练

根据表 4－5，分组按照会议礼仪的要求进行练习，将表情、动作、语言的完成情况填入表中，再分别设定不同的场合加以运用，将场合运用中出现的问题如实填写到场合完成情况中，并针对问题进行纠正练习，最后由队长进行检查后填写巩固情况。

表 4－5　会议礼仪训练表

类别	要求	表情、动作、语言完成情况	场合完成情况	巩固情况
会议的通知	简短明了、清楚周全			
会议辅助用品的准备	准备充分、细致周到			
会场的布置	主题鲜明、规范务实			
座位排列	尊卑有序、中西有别			
与会礼仪	有礼有节、顾全大局			

任务 5：办公室礼仪训练

根据表 4－6，分组按照办公室礼仪的要求进行练习，将表情、动作、语言的完成情况填入表中，再分别设定不同的场合加以运用，将场合运用中出现的问题如实填写到场合运用情况中，并针对问题进行纠正练习，最后由队长进行检查后填写巩固情况。

表 4－6　办公室礼仪训练表

类别	要求	表情、动作、语言完成情况	场合完成情况	巩固情况
办公室环境	整洁干净、卫生舒适			
办公室举止	文明礼貌、尊重他人			
请示、汇报工作	准备充分、简明扼要			
办公室人际关系	真诚合作、提供帮助、公平竞争、宽以待人			
公文处理礼仪	规范、准确、保密			
电子邮件礼仪	安全、规范、及时			

四、成果评价标准与得分

（一）评价标准

本项目包括 5 个任务，每个任务都有相应的分值，具体评价标准为：

1. 本项目任务占最后总评成绩的 25%。
2. 任务分工表填写符合要求，具有可操作性，记录详细清晰。
3. 巩固情况由队长完成，其余部分根据填表说明要求填写。填写时要认真记录，按照要求进行分析，并且分析得当、正确、有说服力。
4. 在规定的时间内完成。
5. 教师最后做出整体评价，给出相应分值。

（二）分值分配

将得分填入表 4－7。

表 4－7　分值分配表

评分项	具体任务	分 值	实际得分
任务 1	电话礼仪训练	20	
任务 2	方位礼仪训练	20	
任务 3	餐饮礼仪训练	20	
任务 4	会议礼仪训练	20	
任务 5	办公室礼仪训练	20	
合计		100	

参考文献

一、期刊类

[1] 邓细红 . 按照“三个代表”要求 塑造人民警察新形象 [J]. 江西省团校学报，2001（1）.

[2] 刘元风，宋炀 . 戎装英姿：中英警服设计巡礼 [J]. 装饰，2017（1）.

[3] 周沃欢 . 警察的气质类型分析 [J]. 广州市公安管理干部学院学报，1999（2）.

[4] 杨国强 . 警察形象塑造之路径 [J]. 公安研究，2014（3）.

[5] 王米渠 . 试论《黄帝内经》阴阳人格体质学说 [J]. 心理科学通讯，1984（3）.

[6] 武肖肖 . 论警察形象塑造途径 [J]. 安徽警官职业学院学报，2015，14（6）.

[7] 穆怀田 . 铁路警察服装的变迁（上）[J]. 铁道知识，2011（1）.

[8] 娜日斯 . 公安队伍正规化建设的逻辑演进与发展路径 [J]. 学术论坛，2016，39（9）.

[9] 唐军 . 外交档案揭秘创立新中国外事警卫制度 [J]. 档案春秋，2009（11）.

[10] 汤国明 . 从档案看我国警察警徽的演变 [J]. 档案与建设，2005（9）.

[11] 黄丹黎 . 从新中国警服变迁看广东警官学院历史发展 [J]. 政法学刊，2011，28（3）.

二、著作类

[1] 陈军 . 人民警察素质教育全书 [M]. 北京：中国检察出版社，1998.

[2] 高德 . 公安队伍建设执法须知 [M]. 北京：群众出版社，2003.

[3] 公安部政治部 . 公安机关人民警察礼仪问答 [M]. 北京：中国人民公安大学出版社，2008.

[4] 公安机关组织管理条例实用问答 [M]. 北京：中国法制出版社，2006.

[5] 老舍 . 我这一辈子 [M]. 南京：江苏凤凰文艺出版社，2020.

[6] 刘明望 . 公安被装管理 [M]. 北京：中国人民公安大学出版社，2012.

[7] 韩冬 . 大学生礼仪 [M]. 北京：人民邮电出版社，2014.

[8] 侯印浩，刘传玺 . 大学生社交礼仪 [M]. 济南：山东大学出版社，2001.

[9] 齐家楣 . 情商在警务中的妙用 [M]. 北京：群众出版社，2006.

[10] 乔成杰，宋行 . 监狱人民警察管理实务 [M]. 北京：化学工业出版社，2013.

[11] 乔林 . 情商的力量 [M]. 北京：电子工业出版社，2011.

[12] 习近平 . 习近平谈治国理政：第四卷 [M]. 北京：外文出版社，2022.

[13] 徐辉 . 现代商务礼仪 [M]. 北京：清华大学出版社，2014.

[14] 张磊 . 司法礼仪教程 [M]. 成都：四川大学出版社，2012.

[15] 中国社会科学院语言研究所词典编辑室 . 现代汉语词典 [M]. 7 版 . 北京：商务印书馆，2016.

[16] 舒静庐 . 警察礼仪 [M]. 上海：上海三联书店，2014.

[17] 舒天戈 . 警官礼仪 [M]. 北京：中国人民公安大学出版社，2009.

[18] 宿春礼 . 领导谋略全集 [M]. 北京：大众文艺出版社，2005.

[19] 孙宏艳 . 监狱人民警察礼仪教程 [M]. 北京：群众出版社，2013.

[20] 杨金波 . 政务礼仪 [M]. 北京：中华工商联合出版社，2021.

[21] 于文静，解添明 . 科学认知监狱警察 [M]. 南京：江苏人民出版社，2014.

[22] 王宇东，张雄志 . 职业礼仪 [M]. 北京：高等教育出版社，2017.

[23] 王薇 . 职业形象设计：“教 学 做”一体化实用教程 [M]. 北京：电子工业出版社，2020.

[24] 吴雨潼 . 职业形象设计与训练 [M]. 6 版 . 大连：大连理工大学出版社，2019.